中国
儿童原创艺术研究
系列丛书

儿童原创艺术研究

Research on the Children's Original Art

杨景芝 著

長江出版傳媒
湖北美術出版社

序　言

创造艺术符号表达情感是人类具有的原始本能，是人自发进行的实践活动，人的思维能力也是在这个基础上发展起来的。儿童的原始美术创造冲动，并非模仿成人而获得，它发自儿童对生活的体验和感悟。现实生活为儿童艺术创造提供了丰富的源泉，儿童凭借所创造的符号语言，进行思维、记忆，描绘事物，表现事物关系，表达情感，进行交流和沟通。可以说，儿童的美术活动是儿童早期的精神活动，绘画是儿童享受生活、释放天性的一种方式，他们在艺术活动中得到快乐、满足和发展。

儿童艺术创造的主要特征是情感表达，其情感的内容来源于生活的体验和感受，所借助的形式，诸如美术中的形象、轮廓、节奏、色彩、运动、色调等，这些要素的运用，也源自儿童生活中对美的直觉，这正是儿童美术创造具有原创性的源泉。儿童原创绘画的可贵之处就在于他们作品的纯净、自然，充满个性特征。因此，儿童所创造的绘画形式并非对于传统绘画的模仿。儿童美术是包含着人性色彩的，儿童美术教育以人为本应是毋庸置疑的真理，这也是我们进行美术教育的基本立足点。

创造性艺术活动伴随着儿童的成长，是人在发展中不可或缺的活动，每个儿童都有与生俱来的创造力，如果在儿童的成长期加以正确引导，给予适当的环境与素材，以及表现的机会，相信他们会有突出的表现和充分的发展。尊重儿童自由想象的教育理念，是使每个孩子养成独立完美人格的必由之路。

孩子绘画的秘密在哪里？其实，就在他心里。他们用心触摸周围世界，用情感创造梦境，给人以感动。孩子们的处女作并非只是简单和幼稚，他们的原创美术闪现的是人类原始阶段的智慧，体现了艺术最本真的灵魂。幼儿期的象征符号，是他们通过视觉思维将外物的复杂形，简化为简单规则形的原始本能。儿童对美的形式，如对称、渐变、节奏、重复、韵律、线条、色彩的对比与和谐的运用，都展现出儿童对美具有天然的敏感性。

儿童所创造的作品具有的想象力，更是儿童美术作品的魅力所在。他们通过想象可以把不可视形象变为可视形象，这种超自然的想象力，不是通过技能教育能够获得的，儿童创造思维的发展，是以培养感悟力、记忆力、理解力、吸收和变革能力为基础的，教育只有在尊重儿童的基础上，根据儿童的心智发展规律，帮助他们发展自身的潜在能力，才有利于他们健康成长。

儿童美术教育的作用还在于，要用人类传统文化中的精华，去启迪儿童的审美意识，鼓励他们探索各种表现形式，进一步了解和掌握经典艺术中的精髓，提高他们的艺术修养和对高雅艺术的鉴别力。那种引导儿童创作追求怪诞、故意扭曲形象的做法，无疑是对儿童心灵的一种伤害。

青少年处于由童年向成年发展的转折期，青少年的艺术发展需要在儿童期就打好基础。教学中尊重儿童，保护儿童艺术的原创性，不等于放任不管，教育的作用在于教化和引导，受教育者怎么可能不受干预呢？问题的关键是我们应如何根据他们的发展需要，适时地给予帮助。我们主张儿童的艺术创作应以他们的自身生活体验为基础，加强人文教育，加强视觉观察，提高他们的直觉能力，注意培养他们审美创造的意识和能力，使他们的思维能力自然地由主观向客观发展。儿童和青少年的艺术发展应是一个连续发展的过程。青少年转型期的艺术活动，仍应把审美和创造置于教育的核心地位，他们的创造活动通过直觉和理智两方面作用而成。如果说儿童艺术创作更偏重直觉和感受，青少年艺术教育则应更重视理性思维的介入。

对于后现代艺术的借鉴问题，由于儿童和青少年还不具备对艺术本质的思考能力，教学中仅从艺术形式上进行模仿，势必会给他们的思想造成混乱。我们还应清醒地看到，后现代艺术有些作品属于文化垃圾，当少年儿童对那些丑恶的、不健康的内容还不具备鉴别力时，如果选择教材不注意教育性，势必会影响下一代的健康成长。

在艺术形式多元发展的当代艺术语境中，青少年造型意识和造型创造能力的培养，不再有唯一的造型训练方式，艺术教育不应再规定和传授某一家一派的技能，并以此法去束缚他们，而应提倡艺术的自由发展，倡导儿童运用个性智慧去无限发展自己。造型创造活动是一种审美心理表述过程，儿童和青少年应具备一定的审美意识和审美眼光。人的视觉美感不仅要从生活中发现和捕捉，也要学习借鉴各种优秀的文化传统，通过欣赏中外各种形式的经典作品，了解造型语言的基本形式规律和美的法则，并能创造性地运用。

儿童和青少年的发展是动态的、立体的过程，对他们进行艺术教育不单是知识技能的建构，而且是对他们生命完整的关注与教育，教学内容和知识点应具有人文性、现代性、广博性、跳跃性、审美趣味性等特点，课程内容无须进行专业美术那样的系统编排。美术教学可通过欣赏、观察、体验、感受、技法演示等方式进行启发引导，让他们在交流与合作过程中，感受和体验艺术创作的愉悦。

当前在儿童美术教育中，成人对儿童艺术创造的干扰、替代和造假越来越多，这种功利性教学需要引起注意，必须杜绝。让我们将画笔还给孩子，鼓励他们充满自信地去通过观察和思考展现自己，创造属于自己的绘画语言，在艺术活动中使自己真正成为全面发展的高素质人才。

儿童艺术发展的最终目的，是让儿童身心得到和谐发展，美术教育如何体现以人为本的学科价值，是我们至高无尚的科研课题。要实现这一目标，建立有中国特色的儿童艺术教育体系，需要所有关心儿童成长的教师和家长共同努力才能达成。我相信，经过一代又一代人的努力，我们的目标一定能够实现。

杨景芝

杨景芝　2016年6月

于首都师范大学美术学院

目录 CONTENTS

第一章

人类自发的艺术创造

第一章　人类自发的艺术创造

什么是原创艺术？原创艺术是人类个体对自身生存的感知、体验和独有的美感创造。从古至今，艺术始终伴随人类的进步和发展。无论在贫穷和饥饿中，还是在战乱和灾难中，艺术始终闪耀着光辉的魅力，不曾离开人们的生活。艺术能净化灵魂，使人感受到尊严和精神的力量，体现人对美好生活的向往。一个民族如果失去艺术对人的教化和感染，就不会成就一代具有高文化素养、高品格、高境界的人才。

传统观念中，人们常把艺术看成少数人的天分，是艺术家的专利。把艺术教育只看作是一门手艺，作为职业教育，甚至把艺术活动当成人们茶余饭后的奢侈品。然而，即便在贫穷、落后地区，真正懂得生活的人、爱美的人也随处可见。我在农村看到老大娘绣的精美鞋垫、剪的鞋样儿，看到少数民族姑娘在节日时的盛妆打扮，在陕北农村看到家家户户贴的窗花、蒸的面花，处处体现着人们对美的追求。艺术是属于人民大众的，是人们普遍需要的精神生活。当下，人们已开始意识到艺术在人的早期教育中所承载的重要作用。然而，现实生活中，艺术和艺术教育在市场化经济的影响下，有些已失去了它纯洁的本色。在这种良莠混杂的大环境下，让孩子参加什么样的艺术活动，才真正有利于他们身心的健康发展呢？这恐怕是我们首先要厘清的问题。只有当艺术真正摆脱了功利的纠缠，成为人们精神生活必不可少的内容时，艺术的春天才会真正到来。

儿童绘画之所以珍贵，在于它具有的原创性。儿童艺术教育最本质的要素，在于珍重和保护儿童艺术创作中最本真、最纯洁的创作动机和成果。儿童艺术教育的前提是认可儿童自身具有的创造潜能，立足于对儿童能力的信任，理解并尊重他们独有的视觉语言形式，才可能创造出科学的教学方法，使儿童艺术教育回到正轨上来。

第一节　从图画到文字

艺术起源于生活。远古人类所从事的艺术活动，基本出于生活的需要。他们用图画记事，画图传递信息，创造图腾祭拜、祈福，创造图案装饰、美化生活。可以说图画是人类文字出现之前主要的文化现象。

一、图画记事

据史料记载，史前印第安人没有文字，他们用图画记述部族历史，表达思想感情。住在中部草原地区的达科塔人，擅长在水牛皮、羚羊皮和鹿皮上制作铁笔烙画，被人类学家称作“宗谱”或“会说话的图画”。

天花

百日咳

马的到来

《天花》表现一个身上长满斑点的人，记载了1800年在达科塔地区流行过天花。

《百日咳》表现一个张嘴咳嗽的人，记载了1813年在达科塔人中曾流行百日咳。

《马的到来》描述的是1680年当马第一次在部族内使用时的情景。化为白色母牛的圣女在饯别之前预言马匹就要到来，告诉猎人们注意寻找黑色牛群中的一头白母牛，把它杀掉，剥下皮，拜作圣物。

图画文字并不是真正的文字，它只记录语言大意，不同于词语在句子里的语法序位。

二、图画造字——象形字

文字起源于图画，但图画不等于文字。文字是记录语言的符号，它有固定的读音。象形字是人类文字最早的雏形。象形，是把实物的外形勾画出来，以形表义，使人能直观其意。

（一）汉字中的象形字

汉字中的象形字不多，却是汉字造字的基础。象形字从物象最典型的样式中抽象出来，使人一目了然，但所画的形象并不一定与实物完全一样。这种抽象化的形体符号，多见于古代甲骨文中。古老的象形字是一种表形文字，有很大的局限性，一些抽象的意义就无法用形表现了。下图是一组典型的象形字，我们可以从中解读到象形字的特点。

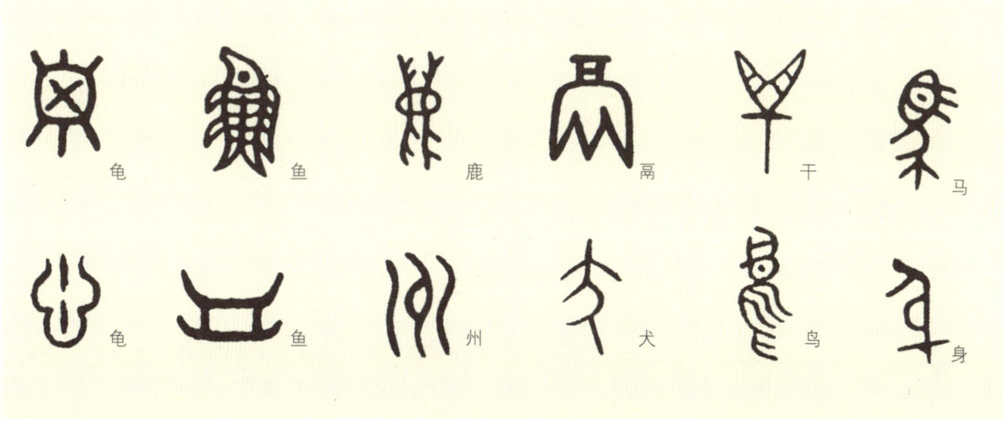

（二）玛雅古抄本中的象形字

文字是文明形成的标志。有四千年历史的玛雅古代文明，它精美的象形文字，至今对我们来说还是一个未解的谜。玛雅象形文字的发展水平与中国的象形文字很相近，但文字的符号组合较汉字复杂。在玛雅象形文字中刻画的动物形象，图样十分传神，它把形象化的图形和图案化的简体符号结合在一起，构成了玛雅独特的象形字。

玛雅遗迹出土的古抄本，是记录在纸张上的古文字，反映出象形文字已成为当时社会不可或缺的信息工具，它的复杂美丽成为玛雅文化生活中的特色，是玛雅人对世界文明最伟大的贡献。

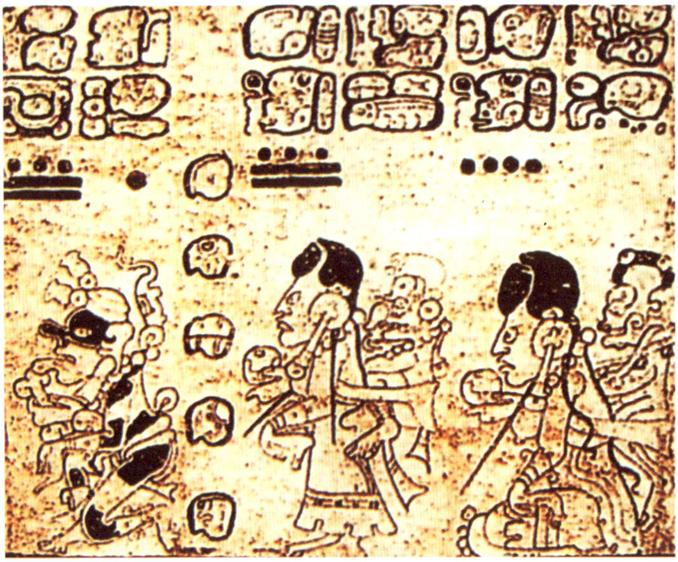

德累斯顿博物馆藏玛雅古抄本

马德里博物馆藏玛雅古抄本

（三）中国东巴象形文字

东巴文出现在我国云南省丽江，有一千多年的历史，是现代活着的象形文字。

东巴是指纳西族人中的智者。获此称号的人只有家族世袭，传男不传女。据说，他们能与神交流，与鬼对话，在入世的生活里保持着神性。真正的东巴，内心如赤子，保持着天然平和、无惑、虚怀若谷的心性。

东巴们使用的东巴文是象形文字，整理出来的有两千多“字”。它用简单的线条勾画事物的形象和特征，多表现动、植物以及人的行为动作。东巴文使用简约、夸张、生动、稚拙的形象，使人凭直觉就可以辨认它蕴涵的意思，充满联想性和象征性。

“我”表现一个用手指向自己的人。“笑”表现人张开嘴，开心得像花一样。“贫困者”表现一个披头散发，蓬头垢面的人。“做生意”表现两个生意人，互相讨价还价时，手藏在衣袖里划价的样子。

我

笑

贫困者

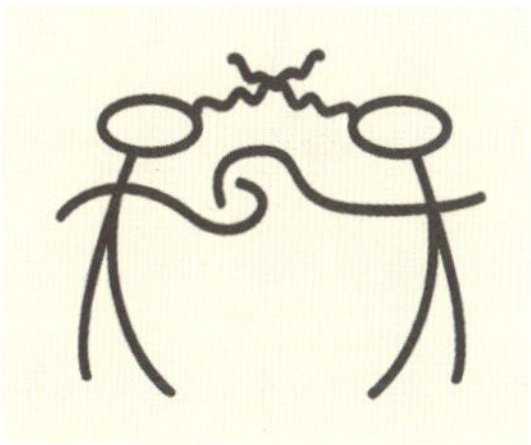
做生意

纳西族人信仰东巴教，它吸收了宗教和藏传佛教的内容，也保留了自身原始宗教的特征。如视万物为神灵的化身，注重人与自然的和谐。东巴教共有244位神，没有至上神，强调多神崇拜，祖先崇拜。

东巴经书是东巴文化的集中表现，遗留至今的有500多部3万多册。内容涉及历史、文学、宗教、天文、医药等方面，展现了古代纳西人的生活场景，也表达了他们对世界、对人本身的思考和认识。

经书由东巴书写和使用，东巴从经书中学到知识，把宗教信仰化为纳西人日常生活的一部分。纳西人从出生到死亡，无论有什么变故，都会请东巴举行仪式消灾祈福。

东巴经书是由一幅幅“连环画”组成，通过符号图式表现内容情节。

《自由的召唤》表达心一定会听从自由的召唤，就像植物一定会向着太阳一样。

《人生辽阔地》表达所有牧奴们，恰似骏马套金鞍，猎犬上刺带，英男穿战甲，美女戴串珠！要开铁门呀！来翻铁山呀！

东巴经文　自由的召唤

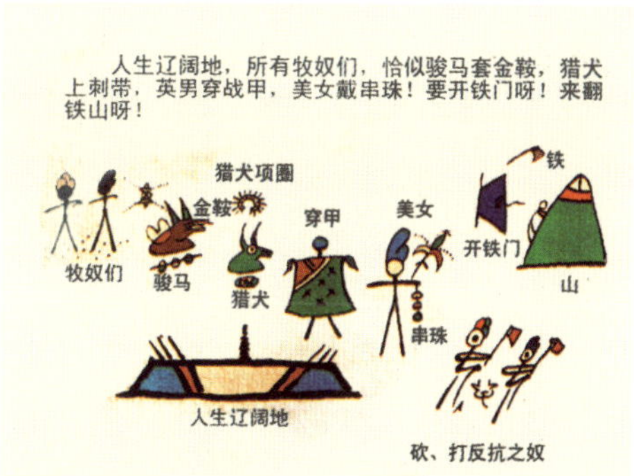

东巴经文　人生辽阔地

《高山放白烟》表达情人又见面，砍松做记号，伴侣又相逢。

《乐声冲云霄》表达所有奴隶们，又说又欢笑，合歌又合舞，乐声冲云霄。

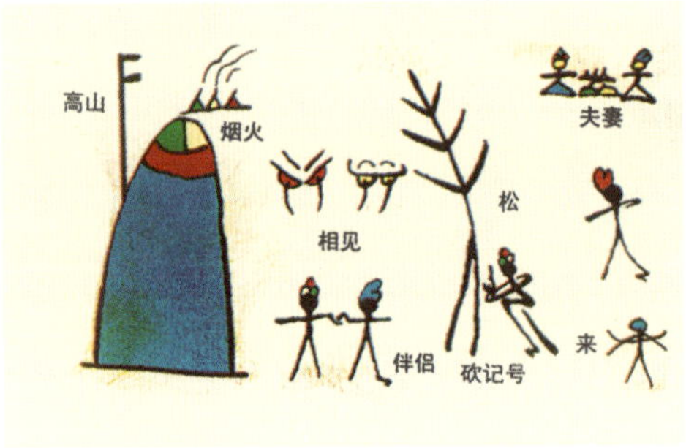

东巴经文　高山放白烟

东巴经文　乐声冲云霄

注：以上文献资料选编自大蕃茄传媒机构策划，云南人民出版社2008年出版《活着的象形文字》。

第二节　儿童的图画创造

一、儿童的艺术创造与视觉思维发展

（一）生活体验使儿童获得创作灵感，进行图像采集

儿童从1岁多至10岁的艺术创造活动，与他们视觉思维能力的发展密切相关，儿童通过生活体验和想象发展艺术创造力。

儿童在婴幼儿时期，当他睁开眼睛观察世界时，感觉外界的一切都是新奇而有趣的。他会发现许多新奇的事物，并储存在大脑中，在不断的问题解答中获取知识、积累经验。由此，儿童便开始步入漫长的自主学习的人生旅程，美感也从这里逐步形成。

我的外孙1岁半时，看到妈妈上班前要戴耳坠，细心的他就会指着放耳坠的地方，口中发出“呐呐呐”的声音，提醒妈妈戴耳坠。他2岁时，有一次模仿妈妈，把自己心爱的海绵宝贝玩具挂在耳朵上，摇着头得意地说：“我也有耳坠啦。”儿童能将玩具置换成耳坠的思维方式，在心理发展上称为“移情”，是以游戏的方式进行的初级艺术活动，具有创造性的表现，应受到鼓励和赞赏。

儿童通过体验直接从生活中进行符号采集，在他们眼里世界就是个充满活力的素材库，他们会把储存在脑中的事物，延伸到新的视象中来，构成他独具特色的艺术构想。

外孙喜欢吃蛋糕，也喜欢用颜料随意涂抹。他知道过生日要在蛋糕上插蜡烛，所以，他每次吃蛋糕都要求点上蜡烛。

命名为《蛋糕》的涂鸦，画面上可以隐约看到圈点的蛋糕形状以及两支蜡烛。

外孙喜欢插接乐高玩具，能将日常生活中看到的汽车、飞机等形象，凭想象用乐高玩具造型，不喜欢按图纸步骤拼插。有一次，他插出两支不同色调的枪，冷色调的大枪是送给爸爸的，因为常被爸爸惩罚关在小黑屋里，把那支暖色调的枪送给了妈妈。反映了幼儿用色彩表达感情的心理活动。

睡前外孙要求爸爸讲故事，从故事中他知道了人类在发明飞机之前，曾发明飞艇。飞艇的形状是椭圆形的氢气球，下面有个方形的驾驶舱，人坐在里面操纵飞艇升降。如果遇到雷雨天，飞艇就很危险，容易爆炸，这给他留下了深刻印象。第二天，外孙凭记忆画了《当飞艇遇到雷雨》的图画。他用心去画每个雨点，第一次出现象征符号图形。

将尼两岁生日

蛋糕　将尼　2岁

送给爸爸妈妈的枪

当飞艇遇到雷雨　将尼　3岁

（二）儿童探索用图像表现生活感受

幼儿4岁是形象知觉的敏感期，他们开始通过视觉思维创造象征符号，尝试用图画表现内心感受。这一时期儿童受心理发展特点的影响，会创造出许多不同样式的图画，形成具有独特趣味的儿童艺术。

1. 儿童图画中“自我完满”的心理特征

受幼儿期思维特点的限制，幼儿视各种事物为“自我完满”的独立个体，事物之间互相不发生关系。我们在4至6岁儿童的图画中常会发现这种有趣的现象。

《两只帆船》是4岁幼儿的创作。船帆、船板、海浪和人，每个部分都是独立的个体。

两只帆船　丰名扬　4岁

《拉提琴的孩子》是儿童绘本故事中的一个情节，表现一位孩子正在刻苦练琴。作者让提琴与孩子并列站在一起，回避了表现人拉琴时人与琴的关系。

《拉大提琴的孩子》这幅画中画面人物虽然表现出了坐椅子时的曲腿动作，但人与物的关系依然是各自分离的。

拉提琴的孩子　常雨馨　5岁

拉大提琴的孩子　侯伯文　5岁

《舞狮》是5岁幼儿看过舞狮的视频图像资料后，凭个人印象和获得的知识创作的。作者依据自己对该活动的了解，将狮头和狮身的道具，与两个合作舞狮的人进行了分解表现，人物动态以及人与狮子的道具关系，位置虽然画得正确，但它们依然被各自独立表现，互不发生关系。

舞狮　竺佳诺 5岁

《送月饼》是四川蒲江县创意美术学校6岁幼儿的日记画，表现自己给父亲送月饼的情节。画中两个人物各在一方，父亲侧身悬空坐在椅子上，孩子面向观众两手从身体一侧伸向父亲。三者依然处在分离状态，但他在努力用动态表现内容。

送月饼　陈月翔　6岁

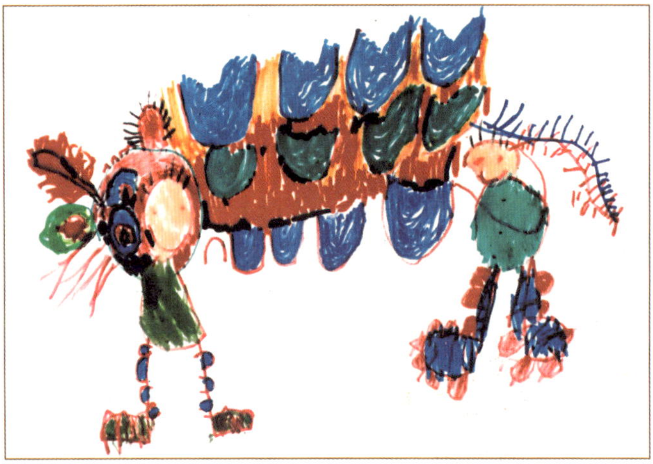

舞狮 王子衡 5岁半

《舞狮》是5岁半幼儿的创作。这幅画较前一幅人与物的关系更密切了，但他们之间的关系并没真实体现。人在表演时是藏在狮子道具之内的，然而画面人物是露在外边的，两人之间、人与物之间依然是独立存在的。

骑马 王思媛 5岁

《骑马》是5岁幼儿的图画。作者用透明手法表现了人骑马时的样子，人与马的套叠关系虽然正确，但透明的人物依然是独立完整不被遮挡的。这是儿童独创的绘画形式。

2. 儿童图画中“自我中心”的心理特征

儿童的空间思维方式，往往是以自我为中心去思考周围的一切事物，他们还没能建立画面空间的垂直定向思维方式，也不懂需要用固定视点去观察周围的空间关系。所以，他们创作的画面空间是多角度的自由空间组合。

《吃饭》是5岁幼儿的创作。当儿童表现围坐在桌子周围的人物时，时常采用开放式构图，如同作者站在桌面上，转动身体和画面去画四面坐着的人。

吃饭　李梓萌　5岁

《餐馆》是5岁幼儿的创作。作者平面移动自己的位置，去表现室内就餐的人和物，形成平面二维空间的绘画。

餐馆　陈继耘　5岁

《宾馆餐厅》也是5岁幼儿创作的。作者从不同的视点去表现室内环境，如画桌面用俯视，画人物和坐椅用平视，画屋顶上的彩灯用仰视，巧妙地将环境的立体空间自由地组合在一起。

宾馆餐厅　隋子默　5岁

《坐飞机去北京》是绍兴古月美术基地5岁幼儿的日记画。作者用多视点方法表现天上的飞机和地面上的景物，同时还用透明方法表现了机舱内的机长和坐在位子上的自己，将丰富的内容巧妙地融为一体，使构图自然有序。

《玩滑梯》是5岁幼儿的创作。画面人物动态十分生动有趣，表现出孩子们活动时跑的不同方向，是以自我为中心的心理状态的反映。

坐飞机去北京　李运辰　5岁

玩滑梯　陈力明　5岁

教室　张隽伟　6岁

《教室》表现一间教室里同学们正在听老师讲课，教室两边的墙壁向两边开放式排列，反映了儿童观察事物的以自我为中心的心理状态。

儿童艺术创作中的画面秩序，是知觉经过琢磨和斟酌之后产生的结果。儿童将经验素材自由转化成具有独创性的视觉解释，所展现的虽然是非写实情景，但视觉逻辑却可信和恰当。

（三）儿童从生活中积累素材，发展视觉思维创造力

生活是儿童艺术创造的素材库，随处可得。儿童常把观察到的素材，经过视觉思维加工后重新组合成图像，同时，儿童还根据已知经验通过想象来组织画面。这个将外物视觉化的过程，体现了儿童思维发展的历程。

《看小蝌蚪找妈妈》是浙江台州市中山美术活动中心5岁幼儿的日记画。作者用象征符号表现自己去公园玩时，看到池塘里“有很多小蝌蚪游来游去很可爱，它们一群一群的，好像有的小蝌蚪在找青蛙妈妈”。画面上，在圆形池塘里，有许多大脑袋小尾巴的蝌蚪，围着一只青蛙。流动的小溪中，有只蝌蚪向远方游去，好像正在找妈妈。

看小蝌蚪找妈妈　杨澍　5岁

《去洗车的路上我看到一架飞机》是浙江绍兴古月美术活动基地5岁幼儿的日记画。作者在画面布局上，用了画面绝大部分空间，去表现洗车途经的各种复杂路线，只在一小片天空中画了一架飞机，起到了画龙点睛的作用。

儿童将印象中的事物符号化，使一个认识性的陈述，变得清晰和易于理解，是通过视觉思维进行的创造性活动。

去洗车的路上我看到一架飞机　李运辰　5岁

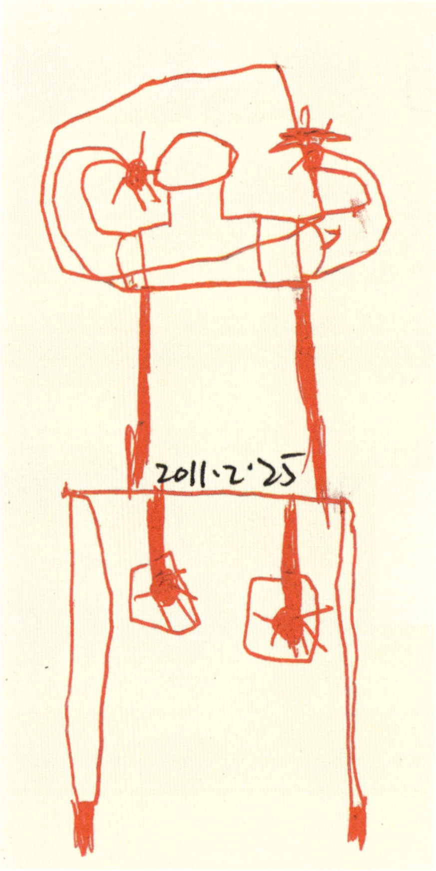

我正在写作业　杨耘溥　5岁

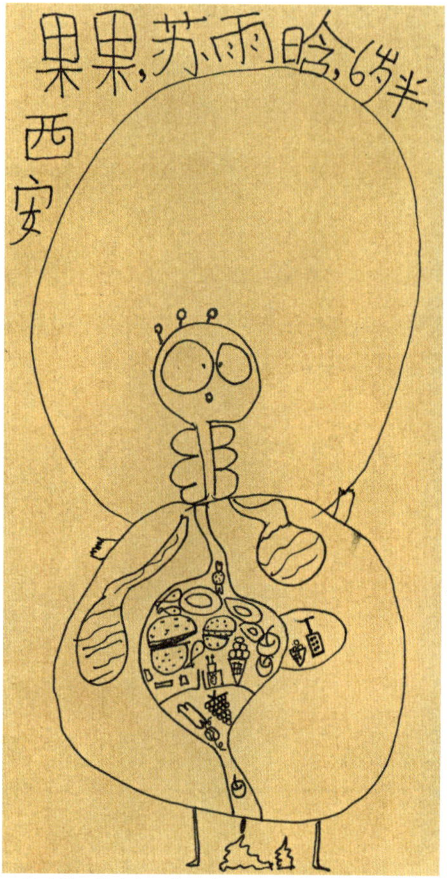

一只吃撑了的孔雀　苏雨晗　6岁半

《我正在写作业》是河北保定市启点美术学校5岁幼儿的日记画，表现一个背对观者坐着写作业的孩子，他的身体被方形的椅子靠背遮挡，只露出人的头、肩和弯曲的手臂。透过椅背下方，可以看到人物垂下来的双腿，两条椅子腿的下端还套着防滑橡皮帽，表现出作者对生活细节的关注。

幼儿用线勾画形时，是在直接经验的驱使下，通过形状和事物的关系，达成对内容的抽象表现。如，圆形的手和脚上都画有5条短线，表示人的手指和脚趾，围在脚外的圆形代表鞋（大约是拖鞋），弯曲的手臂用弧形线勾画，表示人趴在桌子上的感觉，椅子座却只用一条横线表示。这些简化的形，都体现了儿童的意象创造。

《一只吃撑了的孔雀》是西安缤纷鸟美术学校6岁半幼儿创作的。在一次绘画比赛评选中，我认识了这个获特等奖的孩子。她大方地将自己平时的画本送给了我，成为我每天睡前必翻动的书。作品运用拟人的方法，将自己爱吃的东西都画进孔雀的胃里，使它排泄很多，这可能就是作者的生活体验。画面造型生动独特，主次分明、完整。

《跆拳道馆的生活》是浙江绍兴市古月美术活动基地5岁幼儿的一组生活日记，表现在跆拳道馆活动的片断，如获奖、表演，教练给学员指导时训话等情节，人物神情生动耐看。

跆拳道馆的生活　周明阳　5岁

《我自己洗澡》是浙江绍兴市古月美术活动基地5岁幼儿的日记画。表现作者住在宾馆里感受到浴室环境很舒服，设备很讲究，空间比较宽大，他可以坐在浴盆里边洗澡，边玩耍，各种喷头随意打开，十分惬意的情景。

我自己洗澡　万羿辰　5岁

儿童在10岁以前逐渐获得再现事物特征的能力，画出有平衡感、和谐感、构成感的图画。

《和爸爸一起去修车》是浙江台州市中山美术活动中心5岁幼儿的日记画。儿童通过观察记忆能将人与车、人与人之间的空间关系再现出来。画面上的汽车被高高架起来，修车师傅嘴里叼着香烟，站在车下进行检修，一副自信的样子。父子二人站在一旁惊奇地关注着这一切。画面简洁、清新、自然。

和爸爸一起去修车　苏立丰　5岁

看电影　王馨逸　7岁

《看电影》是7岁儿童的日记画。影院里，只见一排排的坐椅靠背，将观众隐没在椅子里。坐椅之间的空隙处，可以看到观看电影的人们的各种活动。儿童依靠以往的经验进行联想，人们看电影时边吃零食、边喝饮料，有的人还窃窃私语，还有的人拿着三维眼镜观看。这些内容不过是对现场活动的想象，并非是真实的再现。作者通过画面构图，巧妙而充满趣味地表现了主题内容。

儿童观察生活，在不同年龄阶段有他们独特的趣味和视角，也存在不同的表现方式，儿童的心理发展决定着对生活的认识和理解，是儿童艺术原创性的体现。

《我和同学研究岩石特征》是四川成都青少年宫9岁儿童的日记画。表现两位同学正在全神贯注地观察、探究岩石构造，通过人物的动态神情传达出人物的精神状态。作者从人物动态的细节入手，抓住人专心做事时的状态，倾注了自己身临其境时的感受，画出了人的神采。儿童随年龄和阅历的增长，凭直觉和想象再现了生活。

《候车厅》是10岁儿童的创作画。车站的候车大厅是个人员拥挤、喧闹杂乱的场所，作者通过三组人物活动，巧妙地概括出这里各种等车人的不同动态。画面前景表现两位候车旅客正在打瞌睡，神态很疲倦的样子，后面排队等待进站的旅客中，有两人在闲聊，并注视着进站口的动向，背景处表现了车站的典型环境。画面构图和谐完整，再现了生活中的现实情景。

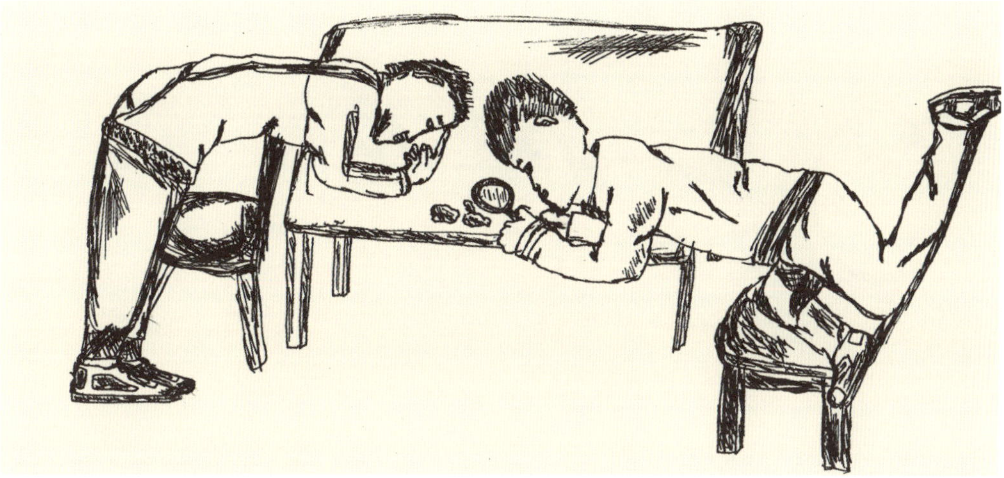

我和同学研究岩石特征 饶家诚　9岁

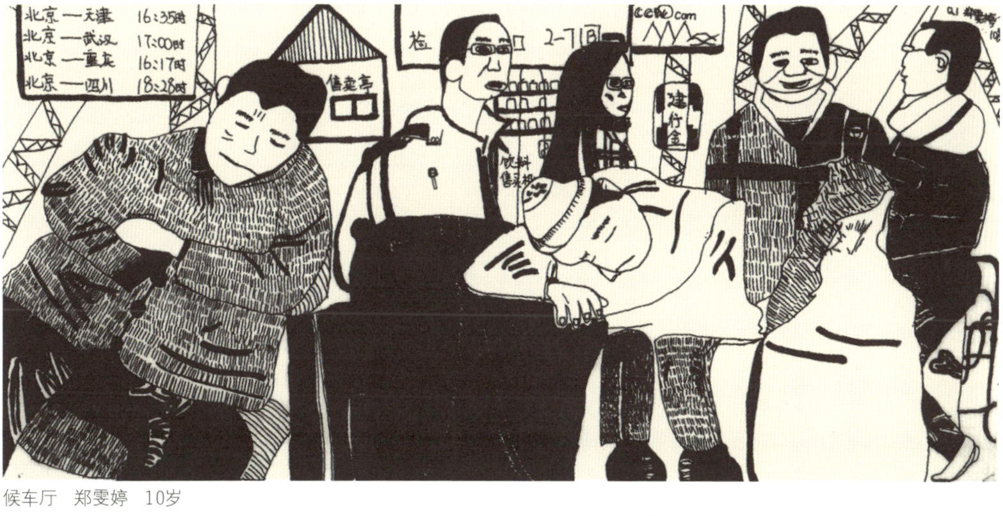

候车厅　郑雯婷　10岁

（四）儿童依靠直觉发展艺术表现能力

直觉反映人的心象或意象，是人对外界事物最本真、最直接的反映。儿童随年龄增长，生活经验的积累，思想日渐丰富成熟，理解力也更加深刻。在艺术表现方面，如画面布局、线条组织、黑白色调、色彩的对比和谐运用、工具材料的掌握程度等都会随着实践活动的累积得到提高。

观察习惯和能力的培养，是提高儿童认识和了解生活，促进视觉思维能力发展的良好方法。画日记画可以帮助儿童提高形象记忆力和对生活的理解力，提高儿童创造图像表现感知的能力。

林牧小朋友在母亲的督促和鼓励下，从三四岁起直到考入美术专业学校，始终坚持画日记画，不仅记录了他成长的历程，也表现了他艺术表现能力的进步与发展。由于创造思维活动的日积月累，他在美术设计课程上得心应手，为日后的专业学习打下了良好的基础。

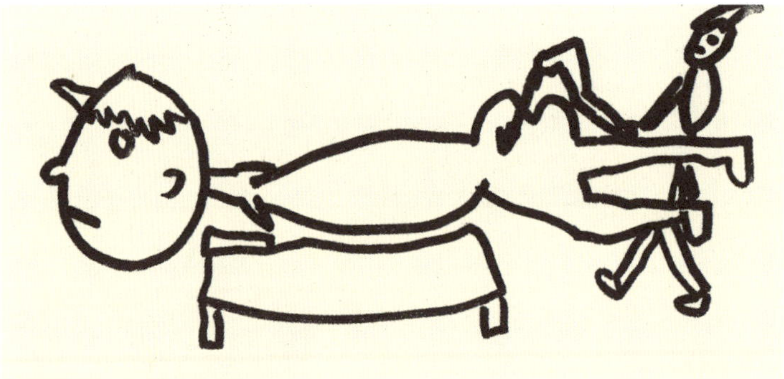

打针 林牧 5岁

《打针》是他5岁时到医院打针时的记忆。作者用夸张的动态表情，生动地传达出自己当时的心情和状态，并画出了医患两者的相互关系。

打点滴 林牧 9岁

《打点滴》是他9岁时在学校医务室输液的情形。画面中人物与环境的比例、透视变化、环境设计以及室内外的关系，都表现得真实而具体。

《音乐会》是他11岁时同家人去听音乐会的记忆。舞台上庞大的乐队阵容，乐手持不同乐器进行演奏的各种姿势，都被具体生动地再现出来，舞台与观众的空间关系也画得真实贴切。

音乐会　林牧　11岁

通过以上日记画不难看到林牧同学的进步，他用朴实的记事方式记录了生活的真实，不受形式概念的束缚，表现出艺术创作的原生状态。

《看谁骑得快》是5岁幼儿创作的。画面表现了4个骑车比赛的孩子奋力向前冲的场面。然而画中却只出现了3个车手，原来是最领先的人已冲出画面，只留下后车轮在画面上。这种构图形式是儿童创作上的特例，虽然作者并没有详细画车的细节，却着力表现了人物奋力前冲的劲头，从而突出了主题。

看谁骑得快　胡蕙心　5岁

玩滑梯　孙瀛雪　6岁

《玩滑梯》是6岁幼儿创作的。作者选择能同时表现滑板和扶梯的视角，将滑梯上两个侧面的人物爬上和滑下的活动呈现出来，这是儿童创作中对空间关系理解的一个进步。同时，作者运用草地上密集的点构成的色调，将滑梯上的人物活动突显出来，体现了画面的对比关系。

《老鹰捉小鸡》是广东深圳英夫儿童美术书法工作室6岁幼儿的记忆画。观看这幅画，会被画中的人物感染，似乎能听到儿童游戏时的喧闹声。随着孩子们躲闪而奔跑的惯性，蛇形摆动的队列由大渐小，那些调皮的神情、快乐的笑脸，让人感受到儿童们欢乐愉快的心绪。

老鹰捉小鸡　高明　6岁

体验会将儿童记忆中的事物激活，再通过想象，儿童就会画出生龙活虎的场景。

《漂亮的老师》是6岁幼儿创作的肖像画。画画班的女老师，总是打扮得很漂亮，作者用夸张的手法表现了老师的头部、身上佩带的各种饰物，并形象地表现了老师的面部特征和神态，充分体现出作者敏锐的观察力和创造性的艺术表现力。

漂亮的老师　美美　6岁

《我们的课间活动》是6岁儿童的创作。作者通过不同的跳绳动作，极度夸张人物运动时的神态，并强调了人物动态的细节，如跳跃时人物头发的形态，面部五官及手、脚紧张的状态，运动时汗水流淌的轨迹，以及各种花样跳绳的技巧特点，都进行了精心刻画，场面十分生动，体现出儿童创作是用心去表现感受。

我们的课间活动　邬昊锴　6岁

《痛快地玩》是8岁儿童旅美的生活日记，表现游客在游乐场的大型探险游乐设施上尽情玩耍的情形。游人从画面右侧的地下通道入口处进入室内，通过各种奇妙之旅爬到顶层，由上向下跳到另一座楼，来体验冒险的刺激，再从第二座楼出来。画面以两座建筑为主体物，通过人物的活动轨迹，将画面串连起来，构成静与动的对比，又通过色调的黑白关系，构成统一而有变化的画面。

痛快地玩　许敬一　8岁

儿童在10岁前的艺术发展主要依靠直觉获得，艺术技巧是在实践中发展起来的，而不是教授的。它源于儿童表现的需要，是儿童精神、思想和感情的产物。儿童观察生活，习惯留心事物的本质和有意义的因素，不理会物体比例和构图的整体性，常注意吸引他的细节，变形也往往是创作心理的下意识要求，并不是理智支配下的产物。

（五）儿童在体验中美感瞬间生成

儿童原创绘画中释放的美感，源自人与自然的“天人合一”。一切美都趋向秩序、对称、和谐、平衡、节奏等自然规律。如花序呈螺旋形排列，蝴蝶、蜻蜓翅膀的对称形花纹，鹦鹉螺上的图形和人体的对称形体，脉搏与呼吸的节奏等，这些美感性质反映在儿童的画面里，表现了儿童自我意识的进步和发展，它给人以愉悦，是儿童审美情感的需要。

花序的规则排列

蝴蝶的对称形

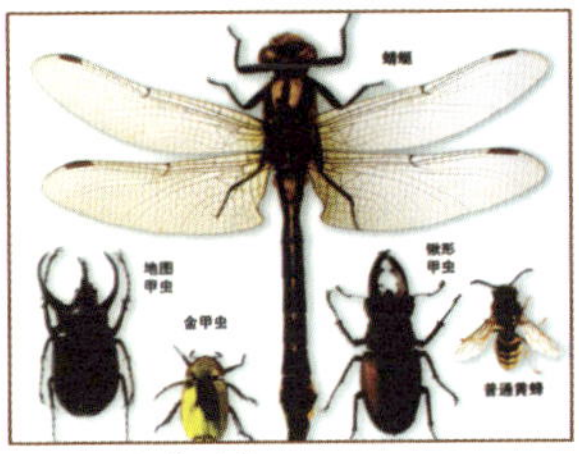
蜻蜓对称的形体

鹦鹉螺上的花纹

《青蛙王子与公主相遇》是5岁幼儿创作的。当幼儿腕关节尚未发育完全时，运笔所画的线显得稚嫩无力，细弱弯曲的线条产生出柔美、颤动的和谐之美。这种儿童独有的美感情趣并不是他们刻意追求的，而是随着生命的跃动自然流淌出来的。

青蛙王子与公主相遇　王子健　5岁

瓷瓶里的杨树枝 吴楷然 6岁

《瓷瓶里的杨树枝》这幅幼儿写生画，作者依靠直觉，用不同的线表现瓷瓶和树枝的质感。画秋天吹落的杨树枝，作者用粗而有力的折线，表现它依然存留的生命力，枝上的苞芽茁壮可爱；表现瓷器却用流畅光滑的细线，画出瓶子莹润光洁的质感。这种美感和技法运用，来源于儿童直觉的敏锐，也是通过视觉思维组织加工的结果。

托腮的人 李思维 5岁半

《托腮的人》这幅幼儿人物写生画，同样营造了线的独特美感。画中点和线的组合运用更加细密，具有装饰美感。人物发丝的曲线组合，表现了作者对头发结构的理解，弯曲的手指既生动又真实，呈现出一幅优美的肖像画。

儿童的写生画，由于不受条条框框干扰，只凭感觉自由地用线勾画，精神完全放松，绘画往往表现得更加生动有趣，能够将观察的客观感受，与自己的主观心理有机结合，表现出一定的理性思维能力。

《午睡》这幅画，画面给人稳定和谐的美感，它来源于对称法则的运用。大床上，幼儿躺在中央，两边躺着父母亲，三人都仰面朝天，两手、两腿对称式放在身体两边。床的四条腿开放式向外排列，床两边摆放着家具。这种构图形式反映了幼儿对安全幸福的满足心理。

午睡　崔波　5岁

自然界中对称形随处可见，如蝴蝶、昆虫、飞禽、走兽、人体、桌子、椅子、柜子……这些对称形物象，成为人的审美习惯，使人的视觉感到舒服、平衡、完美。

《外婆》这幅幼儿写生画，无论造型还是线的组织都堪称完美。人物从正面表现对称的形体姿态，使人物散发出端庄、拘谨的气息。人物面部五官的刻画细致而生动，造型方式别具一格：平而短的一字眉，略小的双眼长着双眼睑，隆起的鼻梁用一条线分出两个侧面，在两侧的鼻翼下，勾画出左右两个倾斜的鼻孔，微微张开的双唇里面长着上下两排牙齿，人物双肩耸起，脖子缩在围领里，两手搭在手包上，两条腿交叉，动态自然而生动。画面用线大胆、肯定，人物简洁的外形与密线条表现的藤椅，形成疏密对比的美感。

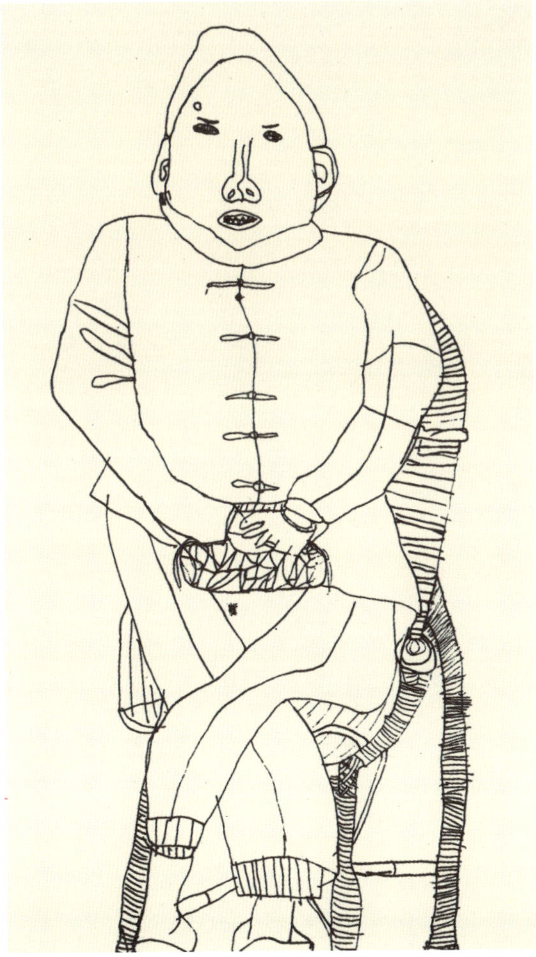

外婆　郑林　6岁

《去聚会的动物》是一幅幼儿想象画。画面中一群动物运动形成的弧形动态线，有高低起伏变化，并呈向上升腾的节奏美感。作者表现动物形象生动有趣，如迈着猫步的豹子，站在鳄鱼背上准备跳下的鸭子，站在小熊背上的水鸟和两只腾空跳起的兔子，以及拉住袋鼠尾巴的兔子，还有天上飞着的老鹰。此外，在画面左上方画了一只离巢的大鸟，在画的右下角还有几条鳄鱼，使画面均衡而和谐，充满童稚趣味。

去聚会的动物　胡皮皮　5岁

幼儿绘画中的布局并不是预先想好的，因为他们的思维能力还不具备这个水平，绘画时往往是从一个局部开始，随兴逐渐发展画面，像游戏一样去尽情想象，展现动物之间的故事，最后，再在空白处填充内容，取得视觉平衡和画面的完整。

父亲的画像　张伟　6岁半

《父亲的画像》这幅幼儿写生画中的美感，表现在作者驾驭造型元素点和线的组织能力上。全画用线肯定、有力，造型真实具体，显现了作者作画时的自信和认真，这是一种品质的养成。这幅画中最生动和让人感兴趣的是所画人物的头发、眉毛和胡子茬，作者根据观察到的人物毛发的生长规律，按生长走向和结构进行线的有序排列，给人一种秩序的美感。点和线随着人呼吸的节奏运动，使观者跟着节拍感受其中的韵味，儿童的思维活动与感受自然融合在一起，体现了儿童写生独有的魅力。

一般人往往认为，绘画中的造型元素运用，是通过技法传授体现的。其实不然，儿童在绘画过程中，往往会创造性地进行点线组合，创造出具有不同个性的画面形式。

《斑马》这幅4岁幼儿的创作，充满秩序化的装饰美感。作者将斑马的意象用符号化的形呈现，表现三只低头吃草的斑马，各自在草地上散步。它们身上、腿上长着同样的斑纹，四条弯曲的腿都排成一行，连头上的鬃毛和口、鼻、眼也生得近似，充满稚气。背景上的树都以一种姿态，从树干向两边伸展出黑黑的枝杈，树枝上的树叶规则地排列在两侧。这些重复的形是幼儿造型的一种特点，也是构成画面秩序美的一种因素。

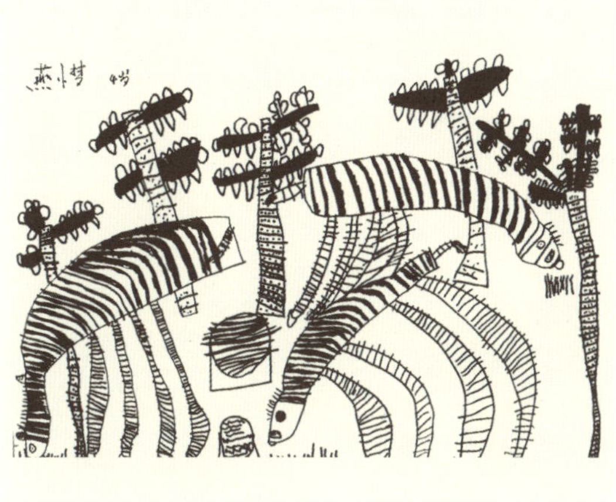

斑马　燕小梦　4岁

《餐馆门前》这幅画是5岁半幼儿的写生。作者将眼前景物做了大胆的删减和归纳。房顶上的瓦片，用四排由直线和半圆形组成的连续图案表现；房檐用垂直线和波浪线构成；屋内柜台上摆放着各种调味瓶和餐具，柜台后站着餐馆的老板；屋内屋外摆放了几张吃饭的桌椅。在这个没有客人光临的店铺前，儿童却用图画构想着自己的故事：小狗无聊地在门前东张西望，馋嘴猫站在挂着的一串串香肠下徘徊，房顶上还有一只鸡向下探头观望。这一切内容都添加得合理而有趣，使画面充满生机。

餐馆门前　王颢为　5岁半

儿童画中的形象、画面布局的形式，来源于他们对主次、平衡、情趣的感受，是生理、心理发展的主观判断，并不受固定技法程式和生活真实的局限，所以他们才能画出独一无二的原创性的艺术作品。

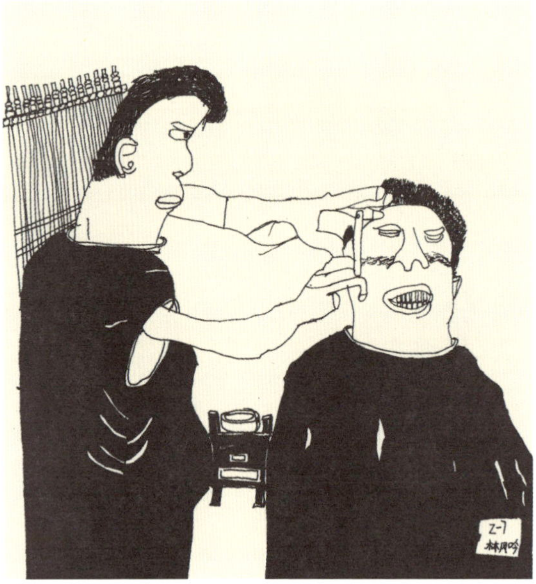
理发　林风吟　9岁

《理发》这幅画是9岁儿童的创作，表现理发师为顾客刮脸时的情景。画面的美感表现在用线勾画的人物神态和人物服装黑色块概括的对比上，白色背景衬托出主体，让观者尽情去欣赏作者塑造的形象之美。白色空间的一边有一小块布帘，用线条密密排列形成灰色调，打破了背景的单调。一幅具有审美价值的好作品，不是看画面画得多细致，多完整。如果这幅画的背景处也填满各种真实的摆设，必然会冲淡两个人物最精彩的形象刻画，画面也会显得拥堵，没有透气的空间。

土著人肖像　李思泽　9岁

《土著人肖像》中画面人物生动纯朴，利用纸的不同层次，构成了黑白灰的丰富色调。

此外，儿童对色彩美的体验，有着先天的敏锐。当初生婴儿最早识别外界事物时，首先吸引他们注意的不是形象，而是鲜艳的色彩。有一次，刚满3岁的外孙用红色线条画许多螺旋形弧线，女儿问他在画什么？他说：“这是洗澡水。”又问：“为什么用红色来画呢？”他说：“因为水是热的。”这个出人意料的答案，给当画家的妈妈一个大大的惊喜。

可见，人的色彩感觉是很容易体验的。如果我们不向孩子灌输概念化的色彩知识，诸如：天空是蓝色，花是红色，草是绿色，橘子是橙色，葡萄是紫色，人脸是肉色，小鸟是黄色，太阳是红色等，只鼓励儿童画出心中最喜欢，搭配起来最好看的颜色，儿童就不会受“真实”的局限，大胆主观选色来表达心情，表现美感。儿童色彩的美感主要体现在它的情感性和表现性。

补色对比是儿童画常用的色彩配置。《大阅兵》中以红色概括表现天安门和观礼的群众，与蓝绿色的军车形成强烈对比，使画面形象突出而响亮。

大阅兵　刘书谣　8岁

《蘑菇》这幅作品在运用强烈的补色对比关系时还注意了色彩明度和冷暖的差别对比。重而冷的蓝绿色与浅而暖的红色搭配，使画面色彩强烈而和谐。

蘑菇　许星怡　10岁

院子里的向日葵　罗小荻　7岁

儿童色彩画的色彩虽然并不真实，但画面色彩的补色对比关系，却营造出光彩夺目的艺术效果。

《院子里的向日葵》中绿色的向日葵花，与玫瑰红色的叶子搭配，在蓝紫色房屋为背景的衬托下，显得十分耀眼。

有鱼的静物　姬沛萱　8岁

《有鱼的静物》是色彩写生画，作者将白色瓷盘换成绿色，以便把盘中的鱼衬托出来，鱼盘后面的酒瓶和衬布，则用红与黄来对比，使画面色彩对比强烈，给人很强的感染力。

儿童9岁后已初步掌握了色彩对比的审美规律，色彩运用既有对比又协调一致。这种搭配色彩的能力是在实践中积累经验和感受而形成的。

《面具》这幅作品参照黑人面具的造型，创造画面形象并予以色彩表现。这幅画中人的脸以不同的绿色为主调，五官用不同明度的冷暖色加以变化，画面色彩整体感很强，形式也新颖耐看。

面具　张伯源　9岁

《庭院里的向日葵》是一幅暖色调的画，作者调配了较为丰富的暖色来表现向日葵和房屋，只用小面积的绿与之对比，又用深重的黑褐色作点缀，起到画龙点睛的作用。尽管画中的绿色花头色彩稍有些生涩，但总体看还是一幅色调和谐的画。

庭院里的向日葵　邓涵晴　9岁

（六）想象使儿童生发创新灵感

想象是人的本能，在艺术的形象思维中，想象以记忆中的生活表象为起点，在对以往事物的感觉、记忆、经验的基础上，用新方式组合记忆和印象，从而产生新的形象。可见，创作是通过已知走向未知的活动。儿童思维不受真实局限，也不懂科学原理，所以敢于超越一切规则进行想象。

太阳出来雨都缩回去了　李涛　5岁半

《太阳出来雨都缩回去了》这种超自然的想象力也只有孩子才有。这幅画是一个5岁半幼儿编的故事。他说："下雨了，四毛该回家啦。因为飞机零件坏了，他只好走回去。太阳出来了，雨都缩回去了。"画中的阴云下有正在缩回去的雨水。

长生草仙子　苏子涵　5岁

《长生草仙子》这幅想象画是5岁儿童的创作。她家养了几盆长生草，孩子以此为题材，在母亲的启发下，想象长生草寿命长，叶片中会有许多花仙子，她们穿着美丽的白纱裙，张开翅膀在叶片中游荡，营造出梦幻般的美丽意境。

《家里来了小偷》这幅日记画是黑龙江虎林市童画少儿美术工作室小朋友的创作。作者以虚构的方式表现家里房顶上来了两个小偷，屋内父亲在玩电脑，自己在画画，小偷以为家里没人，结果被发现了。儿童依据想象虚构了小偷上房时的情节，用形象象征性地陈述了这个故事。

家里来了小偷　李卓　6岁

《巨大的弥猴桃》这幅想象画是10岁儿童的创作。新科技栽培下长出的巨大的弥猴桃，大到超出人力运输的能力，只能调来直升机协助搬运。工人们还在水果上拴了许多氢气球，帮助减轻重力，体现了儿童的天真稚气。

巨大的弥猴桃　刘彦博　10岁

台阶　田一格　11岁

《台阶》这幅想象画是11岁女孩儿的创作。作者将钢琴的琴键构想成台阶，随着音阶逐渐向上升高。中间的玫瑰花使人联想到少女如梦的美丽向往，营造出诗一般的境界。

在小人国里　强衡夏　13岁

《在小人国里》这幅想象画表现了13岁少年的生活感悟。她用虚构的手法评价了一种社会现象，反映了一些人脆弱的心理状态。巨大的瓶子倒置着，产生出不稳定感，瓶底边缘处站着一个企图自杀的男人，瓶下已铺好救人的气垫，并在周围加了警戒线。救生的警员在向上喊话做思想工作，过往行人都停下脚步观望，连驾着麋鹿的圣诞老人也停了下来。这幅超现实的绘画创作，反映了处在“转型期”的青少年对社会现象的思考。

由此可见，儿童的艺术创作思维是以儿童在生活中的吸收能力、记忆能力、理解能力、感悟能力为基础，通过联想找到事物的内在联系，从而产生对新事物的创作灵感。真正的艺术都具有原创性和独一无二的个性，无论儿童在哪个年龄阶段，都能画出反映他们思维发展特点的作品。原创性并不是指儿童画的幼稚、无知、简单、原始、怪异，而是反映人心灵深处的精神世界。

二、儿童创造图像的基本方法

（一）简化

将复杂的形象简单化，或用概括的方式表现。

1.骨法造形

用骨式线条表现物象体积、特征和动态，是形的极端简约化的表现方式，也是物象的符号化形象。这种造形方式在原始岩画中多见，在幼儿绘画中偶见。这种将复杂的自然形用简约、单纯的方法进行表现的能力，根据格式塔心理学家的解释，认为不能完全归结于人的智力和绘画能力的不发达，而反映的是知觉中占优势的一种简化倾向。心理上的“简化”倾向，是一种以“需要”的形式存在的“组织”倾向，是机体的一种能动的心理能力。这种简化的方式，使绘画活动变得简单、快速、舒适、省力。

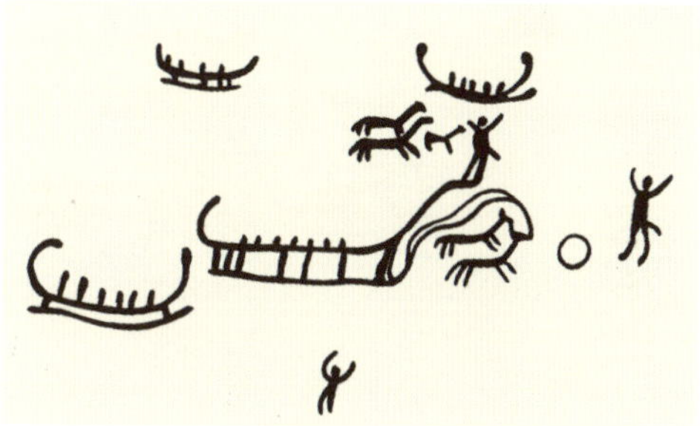

船与人　北欧斯堪的那维亚半岛岩画（复制）

《船与人》是北欧斯堪的那维亚半岛岩画复制图。画面表现的是雪地上的“船”，实际是用于雪地上滑行的雪橇。画中间的那架大雪橇前，有两只准备拉雪撬滑行的动物，另外还有一些动物和人在活动，表现了人们在冰天雪地中的生活。

生长的植物　冯子涵　3岁8个月

《生长的植物》是3岁8个月幼儿的创作，表现一片高矮不一的植物。长线表示植物的茎，茎两侧用短线表示叶片。

爸爸坐在椅子上　邓楚翔　4岁4个月

《爸爸坐在椅子上》是4岁4个月幼儿的创作。他用线画出父亲和椅子的侧面，坐在转椅上的人面前，还有一台放在支架上的电视。

《西瓜上市》是5岁幼儿的创作。这个爱画画的儿童是我家邻居，他的父母从事翻译工作。平时这个孩子对生活充满好奇心，喜欢观察周遭的一切，画了许多生活记忆画。这幅画表现了门前商店卖西瓜的情形：在卖西瓜的柜台上有一台秤，后面站着售货员，他的左右各有个手托西瓜的买瓜人。画面左边堆放着许多西瓜，瓜堆前站着一个伸长脖子低头挑瓜的顾客，后面路口处开来运瓜的拖拉机，远处还停着一辆倒置的三轮车以表示不同方向。这幅画用了三种空间视角，前景的人和物是用二维平视空间形式，后面的路面是俯视空间，倒置的三轮车是折式空间，反映了幼儿处理画面的智慧和组织画面的能力。

西瓜上市　刘雪飞　5岁

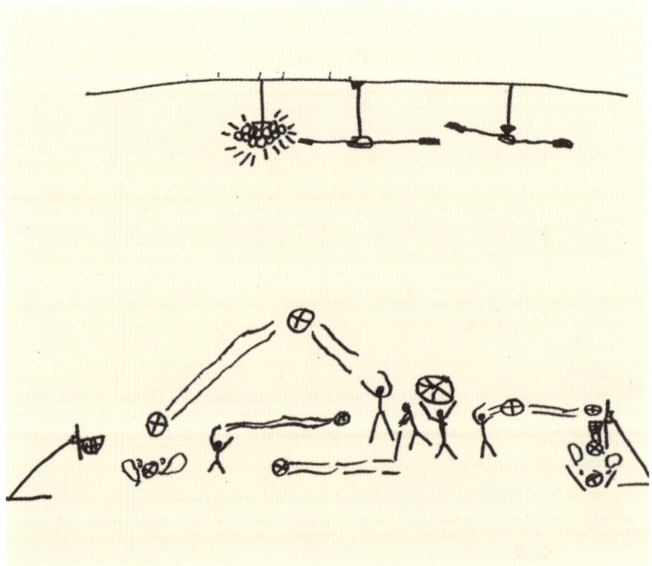

打篮球　刘雪飞　6岁

《打篮球》是作者6岁时的生活记忆画，表现篮球馆内运动员训练时的情形。画面左右边各安排了一个篮球架，中间5名球员在练习传球和投篮。作者通过球的运行轨迹，表现球在画面空间中动的感觉，体现了儿童原始思维中丰富的想象力。

2.轮廓造型

儿童最初创造图像与视知觉密不可分。视觉由物象边缘处感知形，将其从背景中清晰地分离出来。在原始岩画和儿童图画中可以发现，他们大多是用线沿着物象外轮廓画形，非常强调形的整体性，忽视物象内在的具体内容。儿童造型并不遵从对象的真实样貌，而是进行了大幅度的改造，成为简约图形。

这幅《墨西哥巴雅华洞岩画》，表现原始人狩猎时的盛大场面，所画的人与动物，我们只从图形的外轮廓便能识别，画面人物、动物透叠交叉，气势壮观而生动。

墨西哥巴雅华洞岩画

《妈妈抱我，爸爸逗我》是4岁幼儿画的象征性记忆画，表现一家三口其乐融融的幸福生活。画面造型用象征符号表现，中间的大三角形是母亲的身影，腿和脚用线勾画，母亲怀中突出来的两个小圆是孩子的头和身体，母亲旁边向前迈步的形象，是正在逗孩子的父亲，作者简单明确地表述了人物情节。

妈妈抱我，爸爸逗我　肖峣　4岁

阿西娜是一个美国的4岁幼儿，她常凭想象画画。她边画边说：“这匹马站在树下休息，鸟妈妈叼着小虫回来了，窝里的小鸟就快从蛋里出来了。”画面造型简单，富有诗般的意境。马和树的形简化成最基本的形状，如树冠用一个大圆概括，马的躯干和四肢用一条线圈画成一个整体，马的鬃毛整合成一个长方形披在马的脖子上。但作者并不忽视对形象细节的刻画，如树上鸟巢中的蛋已开裂，小鸟即将破壳而出；正在休息的马垂着眼睑，一副安详而美丽的模样。

无题　阿西娜（美国）　4岁

我的伙伴　杨琳　5岁

《我的伙伴》是5岁幼儿的创作。在一个阳光明媚的夏日，河边有个披着长发、身穿蓝色长裙的美丽女孩，她正在给小羊喂食。活泼可爱的小伙伴高兴地抬起前蹄，摇着尾巴，仰头注视着小主人，品尝这鲜美的食物。作者用轻轻的、绵软的细线勾画形象，使人感受到那种稚嫩、柔弱，像抽丝般的线的趣味，画面呈现的那种轻松愉快，是内心深处流淌出的体验。画面色彩清新明亮，营造出儿童画独有的美感。

袋鼠一家　燕小梦　5岁

《袋鼠一家》是5岁幼儿的创作。两只大袋鼠站在阳光照射的黄土地上，像两只剪影，从它们的外形上不难看出生动的姿态。袋鼠妈妈胸前的育儿袋里装着它们的宝宝，旁边站着的应该是宝宝的爸爸，它转过头来好像在向母袋鼠问候，画面充满人情味。全画以红、黄、蓝三色为基调，袋鼠的紫褐色不仅增强了画面的光感，也使画面色彩既强烈又和谐。

《拔牙》是6岁幼儿的生活日记画。儿童依靠记忆进行艺术创作，往往只能勾画物象的大体外形，不太可能刻画形象细节。这幅画作者凭记忆和想象将治疗室中的环境、医疗设备、人物间的关系一一展现出来，并组成合理的画面空间，完整、明确地表现出画面主题。

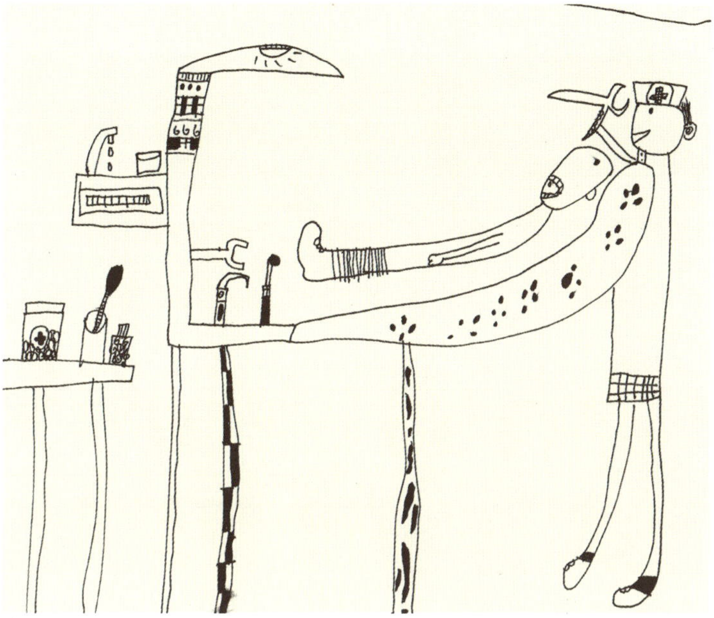

拔牙　林尚　6岁

3.线描写生

线描写生是指儿童依靠观察，按照事物的特征，用近似或相似再现的方式，将对象组织成简洁、完美的结构画法。

《萝卜》是4岁幼儿的写生画。从画面表现的形可以分辨出它们一个是白萝卜，另一个是紫心萝卜。幼儿用缓慢而吃力的线，画出简化而拙美的图形，反映了幼儿对形的区别能力和美化图形的能力，证实了格式塔心理学家强调的，儿童具有将不规则、不完美图形改变，使之成为完美图形的趋势，是机体的一种能动的自我调节倾向，即追求内在平衡的倾向。作者将残留的茎归纳为5个小突起，将根上生出的小须根对称排列成两行，萝卜由青变白的色彩变化，通过点的疏密变化来表现，图形既简单又具美感。这种美是儿童在瞬间不假思索的意象反映。

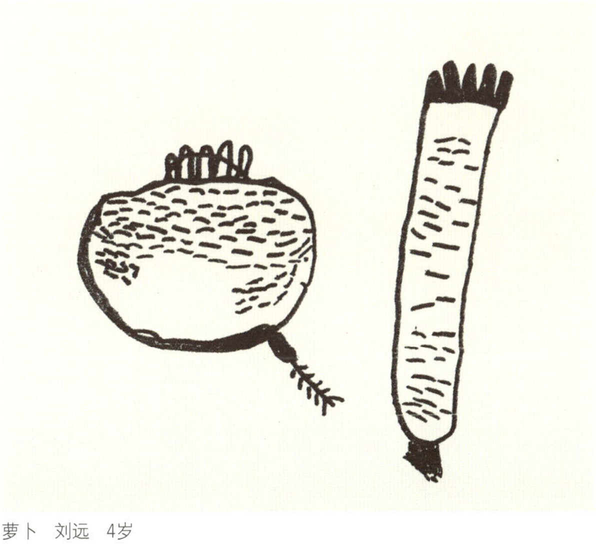

萝卜　刘远　4岁

《玉米》这幅画是5岁幼儿的写生。作者依据观察将玉米的外形特征进行整合，较为准确而整体地勾画出轮廓，两个包裹在皮里的玉米被象征化处理，并进行了有组织的美化，如玉米粒分别用点和半圆形排列表现，玉米须用线画出柔软的感觉，将有节的玉米蒂画得坚硬挺拔，造型简洁生动。

《油菜、水萝卜》是5岁半幼儿的写生。画面真实生动，用线优美而流畅，流露出同龄幼儿少有的线的表现力和疏密组织能力，体现了作者敏锐捕捉形象特征的能力和美的感受力。

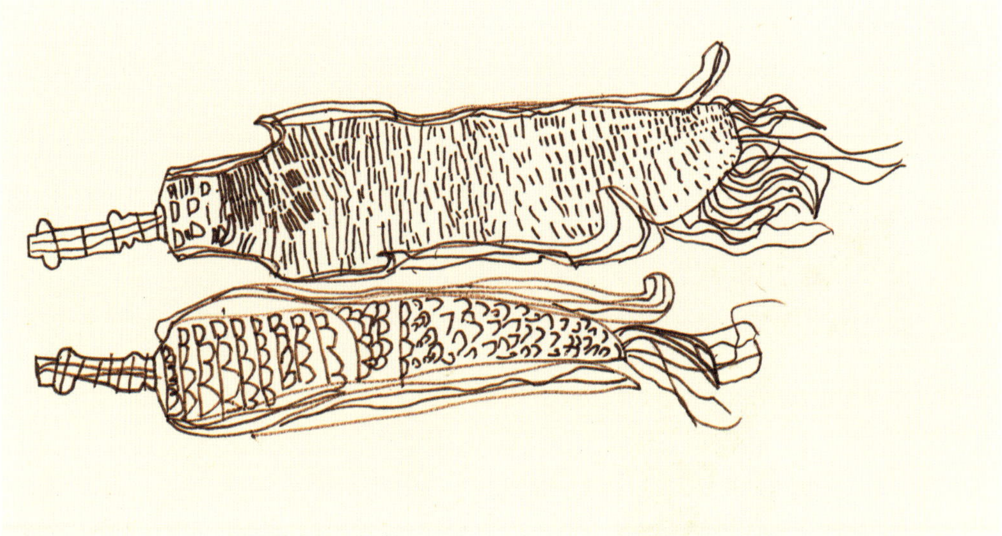

玉米　管京秋　5岁

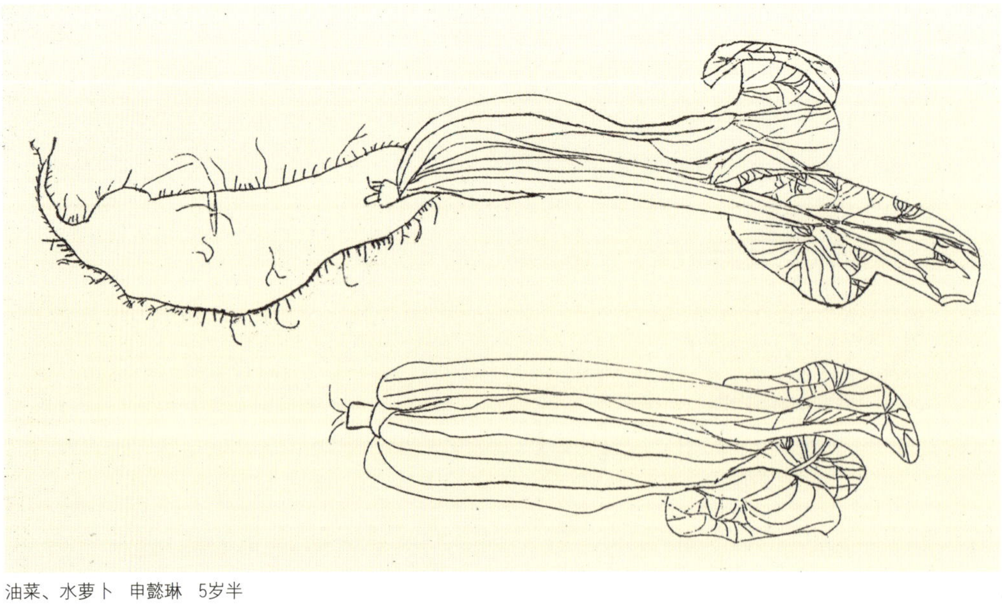

油菜、水萝卜　申懿琳　5岁半

侧面坐的阿姨　严继琛　6岁半

两条鱼　佟宁　7岁

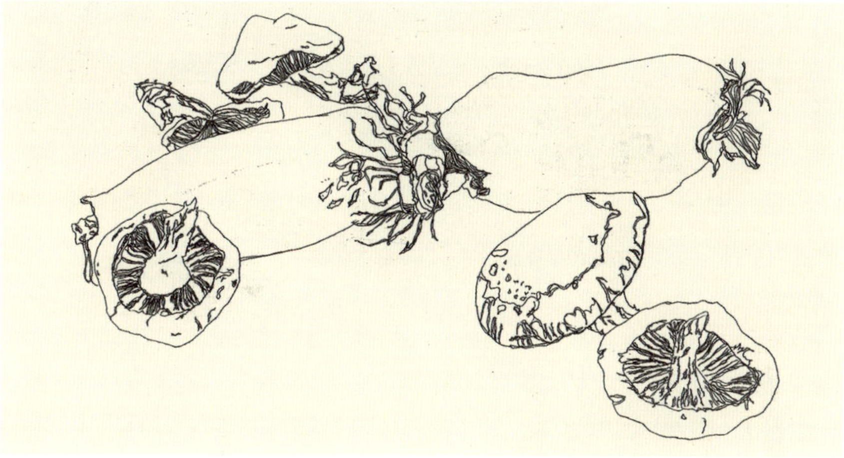

香菇与藕　申懿琳　9岁

《侧面坐的阿姨》是6岁半儿童的写生。作者用大胆而挺拔有力的线，简明扼要地勾画出形象特征，具体生动地表现了观察后的感受，画面整体不琐碎，一气呵成。

《两条鱼》这幅画是7岁儿童的写生。作者用线沿着所看到的外形变化，较真实地再现了鱼的特征，鱼嘴和鱼头画得真实而生动，鱼鳍和鱼尾用线排列出形的特征，简化了鱼鳞，使画面简洁又生动，富有美感，体现出儿童直觉产生出的美。

《香菇与藕》是9岁儿童的线描写生。作者通过自由摆放，将两种蔬菜组合成一幅有主次、有变化的构图。并通过线的疏密变化，使静物生动且具有美感。画面用线大胆肯定，造型准确，体现了作者具备的写实能力和创造性表现对象的能力。

（二）夸张

在艺术表现上为了强调事物的重点，或引人注意，夸大形象的某个局部，来达到所要表达的意图。儿童为了宣泄情绪，常以夸张的形式表现画面内容。

1. 夸张主体物

看鳄鱼 陈勇全

《看鳄鱼》是台湾一年级儿童创作的。池塘里三条巨大的鳄鱼挤满空间，它们张着有锯齿形牙齿的大嘴，夸张地表现出鳄鱼凶险吓人的样子。

庭院中的美人蕉 常雨馨 7岁

《庭院中的美人蕉》是7岁儿童的色彩画。巨大的花朵占据了整个画面，红色的叶子衬托着蓝色、紫色、黄色的花头，庭院里的这些盛开的花，在白色背景前显得格外漂亮。

《买鱼》是8岁半儿童的创作。鱼市的货架上摆着许多大鱼，一位顾客站在前面正仔细挑选。蓝色的鱼、红色的衣服，强烈的冷暖色对比之下，充满张力。

《天文台看星星》是台湾三年级学生的创作。天文台上，斜穿画面架设着三台巨大的天文望远镜，十分抢眼，气势也很壮观。周围许多人都面向夜空观看星座，表现了天文爱好者的热情。

买鱼　左可富　8岁半

天文台看星星　黄承濬　8岁半

环尾狐猴　祝宇欣　5岁

2. 夸张动态

《环尾狐猴》是5岁幼儿的创作。两只环尾狐猴在一片果树前，弓腰探步、四面观望，一副警觉的样子。作者通过动态夸张表现了动物的神态，生动地勾画出它们的灵性。

《一个惊人的消息》是5岁幼儿的创作，表现两个正在说悄悄话的孩子。从夸张的表情可以看出，他们正在传递着一个惊人的秘密，人物面部夸张的神态刻画得很精彩。

一个惊人的消息　郭佳玮　5岁

斗鸡 徐经堂 6岁

《斗鸡》是6岁幼儿的创作。被群众围观的3只雄鸡，相互争斗抓咬，滚作一团，场面很惊险。作者为了表现鸡在搏斗时凶猛的气势，夸张了它们张开的大爪，飞身厮打的动作，非常生动。

《被妈妈训斥》是6岁幼儿的生活日记，记述了家里发生的一件事。家里的宠物狗打碎了花瓶，女儿为此受到母亲责备。画中盛怒的母亲，低头表示悔过的花斑狗和吓得向后躲闪的女儿，他们的表情都刻画得很精彩。

被妈妈训斥　赵烁桦　6岁

喂食 张祖睿 8岁

《喂食》是8岁儿童的创作。鸟巢里一群饥饿的幼鸟，它们张着巨大的喙，伸长脖子等待鸟妈妈喂食，样子十分可爱。

3. 夸张局部

《打架》是4岁幼儿创作的形象。一个摆着弓箭步架势的人，张开长着许多手指的大手，正在歪着头发力，准备给来犯者一个大巴掌，被夸张的粗腿和大脚稳稳地站着，样子神气十足。

打架 郑好 4岁

《啤酒》是4岁幼儿的贴纸创作。桌子上有三杯啤酒和一盘下酒菜，倒进杯子的啤酒溢出许多泡沫，作者生动地画出了倒啤酒这一细节，充满生活情趣。

啤酒 顾惟 4岁

《袋鼠和长颈鹿》是5岁幼儿的创作。袋鼠妈妈张开被夸张表现的前肢，像两只护卫子女的大手，正在追赶跑在前面的幼鼠。小袋鼠竖起两只大耳朵，憨态可掬的样子十分可爱。站在一旁吃树叶的长颈鹿，长着又粗又长的脖子和四肢，稳如泰山地站在那里，对周围的事无动于衷。

袋鼠和长颈鹿 赵浩羽 5岁

《游鱼》是5岁幼儿的创作。一条大鱼游动着，作者将它的鳍画得宽大而美丽，透明的鱼鳍在水中摆动显得光彩照人。

《立交桥》是5岁半幼儿的创作。一座架在空中的立交桥，桥上全是来往的车辆，桥两边的路灯一边高一边矮。作者为了表现桥面上的车，有意将内侧路灯画低，而将外沿的路灯伸长呈辐射状排列，构成画面的美感情趣。

游鱼　杨智涵　5岁

立交桥　辛忆　5岁半

《老清洁工》是7岁儿童的写生画。作者为了突出表现人物的形象特征，将他的脸形和五官进行了夸张。瘦长的脸上长着高颧骨及夸张的鼻子和嘴巴，深陷的鼻唇沟围绕在嘴部周围，使其前突出来，紧蹙的眉宇和不大的双眼，流露出老工人一辈子操劳的沧桑感，生动地勾画出人物形象。

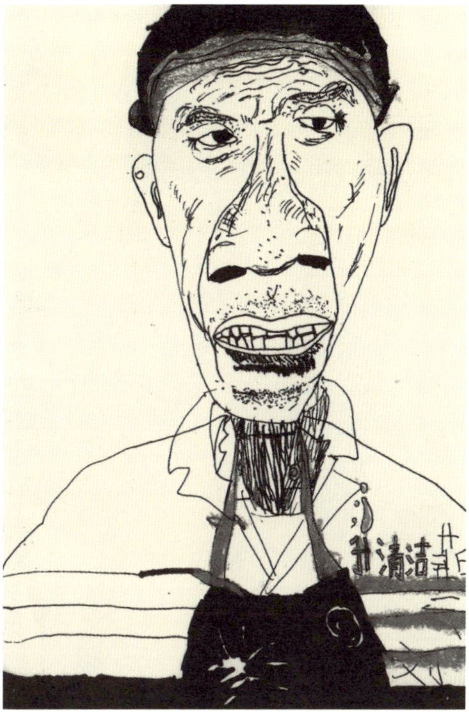

老清洁工　刘芸菲　7岁

《懒人的早晨》是9岁儿童的创作。画面以漫画的形式，用一个人的面部特写，夸张地表现出这个人，由于爱睡懒觉，早晨匆忙进行洗漱时的狼狈模样。他长期没有仔细清洁口腔，以至口腔发炎，牙齿也变得残缺不齐。从而为懒人的不良习惯敲响了警钟。

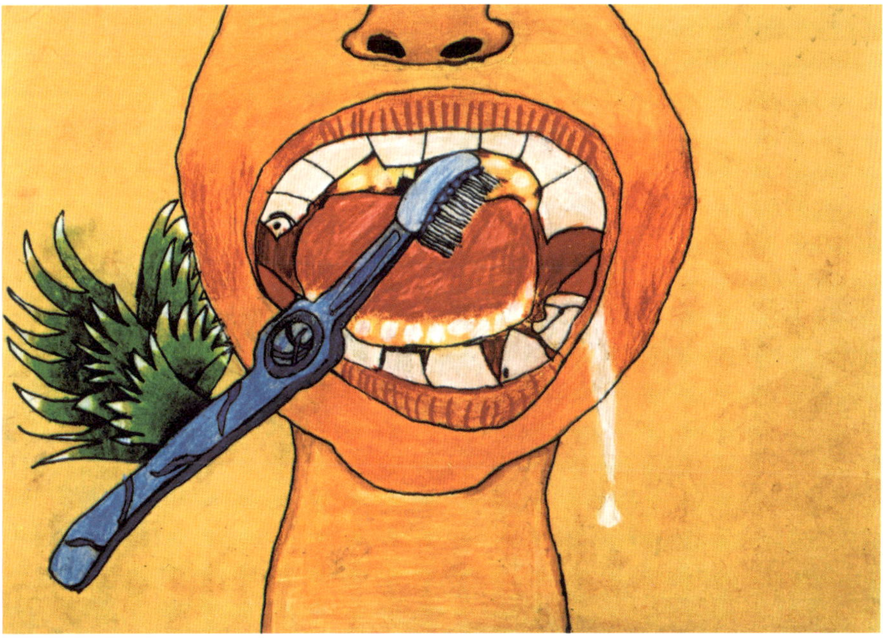

懒人的早晨　毛思羽　9岁

环卫工人　许星怡　9岁

《环卫工人》是9岁儿童的创作。画面夸张地表现了一位顶天立地的环卫工人形象：他正在打扫街道，晒黑的皮肤，面带微笑，橘黄色的工装前佩带着蓝色的工作证，侧面外形的脸上有双炯炯有神的眼睛。这种造型突破了常人的习惯，但在孩子的想象中并不奇怪，是孩子心目中的真实模样。

（三）装饰

装饰画是绘画中的一种艺术表现样式。原始艺术与儿童艺术中，装饰的形式在绘画中运用较多，反映了人的心理需要和对美的追求。

《面对子弹的熊》是绘在牛皮盾牌上的装饰。盾牌中，一头被子弹吓坏了的黑熊，正缩着身子向后退，许多波浪线表现了子弹射出的轨迹，熊身后有一排它踩过的脚印，还有些黑的粗线产生一种压迫感。画面中，线与面的设计十分严谨，形象简洁生动，富有装饰美感。

面对子弹的熊　牛皮盾牌

《猎人》是澳大利亚民间工艺品树皮画。这种当地土著民间艺术，是在晾干压平的棕红色桉树皮上，用白色、黄色、黑色、红色几种土质颜料，勾线后简单填色，人物、动物形象多用传统纹样表现，通过点和线的排列构成图案进行画面装饰。这幅画的内容是表现猎人捕获了两只蜥蜴、一只袋鼠，人物、动物都采用了平面化装饰的形式，造型简单、拙朴、生动。

儿童也喜欢在画上装饰美化，他们常在画面上用几何图案编织花纹，如同用图画进行游戏。

《蝴蝶花》是美国儿童嫣妮4岁半时的图画。她对色彩有敏锐的感觉，常喜欢用彩笔随心所欲地涂抹，画出有装饰意味的图案画。这幅画中对称形的花瓣和边缘处的花纹，使画面产生既平衡和谐，又活泼美丽的效果。

猎人　澳大利亚树皮画

《鳄鱼》是5岁幼儿画的动物造型，夸张变形的大鳄鱼，拖着像蛇一样的长尾巴，张着长满尖利牙齿的大嘴，粗短的腿上有尖利的爪，背上用方格表现坚硬的鳞甲，形象怪异，像一幅古老的岩画。

蝴蝶花　嫣妮（美国）4岁半

鳄鱼　巴凯弘　5岁

迁徙的鸟　佘子实 7岁

《迁徙的鸟》是7岁儿童的创作。几只大鸟扇动翅膀在空中飞翔，每只鸟都穿着不同的花羽衣，显得格外漂亮。画面造型充满童趣，用不同的点和线装点的羽翼，更增添了几分儿童的天真。

《一盘水果》是5岁幼儿的写生画，果盘里放着菠萝和香蕉。作者将看到的实物进行了装饰变形，菠萝长圆形的果体、折线形的冠芽、松球状的皮和立起来的香蕉，都进行了简化和装饰，画面显得奇异而又可爱。

一盘水果　王亿加　5岁

房前通往外面的草地（美国） 嬿妮 6岁

《房前通往外面的草地》是嬿妮6岁的创作。一块既规则又有变化的草地上有一条白色的通向邻家小楼的路，路边砌着花砖，中部有两片花池，打破了路面死板的格局。天空悬挂着一个像朵大花的太阳。这幅装饰画既整体又有细微的变化，体现出作者的审美趣味。

《一篮蔬菜》是6岁幼儿的写生画。作者将筐内的白菜、大葱进行了装饰变形，将复杂而不规则的蔬菜，经过简化归纳，用各种简单、规则的基本形呈现，使画面简洁明了。

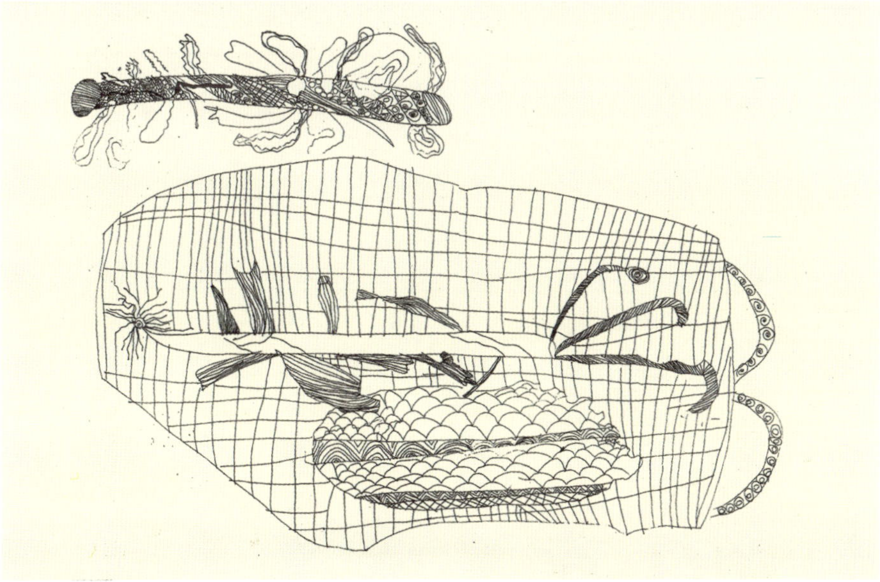

一篮蔬菜 胡博涵 6岁

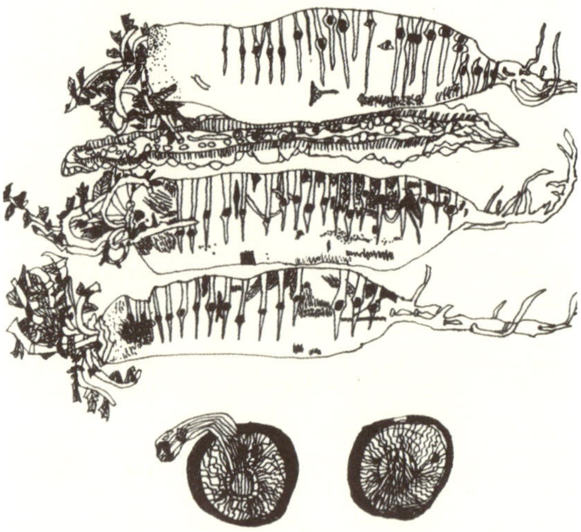

萝卜、苦瓜和香菇　薛嘉羽　8岁

《萝卜、苦瓜和香菇》是8岁儿童的线描组合写生。作者用匀称的装饰线条，从俯视的角度安排构图，将蔬菜一一平面推移展现，所画蔬菜也用装饰化平面形表现，画面既写实又有装饰美感。

《深海畅游》是8岁儿童的创作。画面表现了作者经过归纳和美化后的各种形状的鱼类，它们相互自由穿插遮挡，其中两个拉长变形的人体，在大鱼中穿梭，身影矫健而灵活。平面装饰化的造型，呈现出一种多样统一的秩序美，平涂的色彩以黑色条纹相间，加强了装饰美感。

深海畅游　荣瀚之　8岁

（四）黑白

通常画面中的黑与白，是指画面二维平面中的结构关系。黑与白是色调中的两极，灰是二者之间的过渡。黑白灰在儿童创作中被广泛应用，如版画、剪纸、水墨画、黑白画等。黑白对比在儿童画中常被用于界定形之间的差别，有时还用于美化图形，也用于概括和省略细节、整合图形。儿童运用黑白灰主要出于创作中的感性需要，并非理性安排。儿童往往需要教师引导，逐步掌握运用黑白灰的技巧。黑白画有利于发展儿童归纳、整合、概括的思维能力。

《豆芽》是3岁半幼儿的写生画。用线勾画的玻璃杯，以及里面向上伸展长出的豆芽，疏松自然的线条，使画面充满了生命力。杯底上的豆子和沙土，使画有了重量感，涂了黑色的豆子、芽尖上的细毛和变了色的芽尖，这些细节都体现了幼儿敏锐的观察力。

豆芽　周语冉　3岁半

《静物》是6岁儿童的线描写生。儿童直接用线勾画形象，自然地产生韵律的美感。在所勾画出的线条中，儿童为将形与形区分开来，常利用黑白色调加以变化并进行装饰。儿童的黑白意识往往是在对比中逐渐形成的。这幅写生中的花衬布，很好地衬托了主体静物，同时也产生出一种装饰美感。

静物　徐天晓　6岁

教堂　李佳禾　7岁

《教堂》是7岁儿童的写生画。作者利用教堂建筑上的装饰，进行了黑白形的处理，又把建筑前有黑白相间标志的路障，添到画中，使其与建筑上的黑白相呼应，增加了建筑风景的整体性和节奏感。

《有凉亭的公园》是7岁儿童的线描写生。景物很复杂，但画面并不杂乱。树木、植物和道路上的几个黑色块，将景物点缀得清晰而和谐，使画面空间秩序富有层次，充满幽静之美。

写生并不是对实物的摹仿，需要主动地对实物进行取舍和选择。

有凉亭的公园　梁靖雯　7岁

《舞龙》是8岁儿童的创作。儿童对创作素材进行黑白整合时，并不会在创作之前预先设计黑白关系，往往是在创作过程中逐步思考色调对比来发展画面。这幅画显然是以龙作为描绘重点，再添加演员，最后在空白处添画背景内容。当画面布局大体完成后，根据画面需要用黑色块烘托主体，如将人物的上衣、树干和龙腹下的道具涂黑，用线勾画的龙体形成灰色调，只需点睛就画出了龙的精气神。画面以天空、地面的白为底，黑白灰对比协调，造型清晰生动。

舞龙　王儒尔　8岁

《保洁工》是9岁儿童的创作。清晨的街上空无一人，马路上的保洁工人已开始工作。画面的黑白布局中，道路用白色块，建筑和人行道表现为灰色块，人物用重色块，其中虽然有小面积的黑白交叉对比，但整体清晰统一。

保洁工　郭瑾怡　9岁

人像　李君峰　9岁半

《人像》是9岁半儿童的写生。画面人物总体上用黑白布局，背景是白，人物面部是灰，头发和衣服为黑。人物面部五官虽以线描为主，但局部又有小面积的黑与大面积的灰色相呼应，构成人像的和谐统一效果。

《生日》是9岁儿童创作的木版画。画面黑白交错对比，使桌面上的生日蛋糕十分突出。蛋糕上部以白色调为主，两边背景物用黑色调衬托。反之，蛋糕下部与桌面以重色调为主，用地面的亮色衬托，构成自然而和谐的黑白结构关系。

生日　张玉洁　9岁

《荷塘》是9岁半儿童的国画创作。作者运用墨色的浓淡、干湿变化，表现荷塘中莲藕丰收时节的景象。在大面积的画面空白中，突出表现了一筐刚挖出的鲜藕，结籽的莲蓬沉甸甸地垂下了头，一团团的荷叶，在枯枝残荷中并不显得凄凉，借助宣纸的自然晕染效果，使画面显出丰富而莹润的荷塘情趣。

荷塘　闫若婷　9岁半

《马与速度》是9岁儿童的创作。赛马场上，四匹雄健的马在骑手的驾驭下，风驰电掣般地狂奔。作者利用马匹和骑手的黑白对比关系，使快速运动中的马依然清晰。天空中的电线杆与地面上的木围栏，黑色的形态增加了画面构图的冲击力。这一切在白背景的衬托下显得格外有张力。作品不仅黑白对比强烈，而且人物的动态和衣着，以及马的神态、结构和装备等细节，都画得精细耐看，线和面有机融为一体，彰显了作者的造型表现能力。

马与速度　邓健欣　9岁

（五）构图

如何在画面中安排好物体之间、人物之间、人与物、人与环境的关系和位置，合理组成艺术的整体关系，使画面空间舒适且具有形式美感，是绘画者需要思考的问题。儿童的绘画创作与成人不同，他们一般不会预先设计构图，往往是直接从主体物入手，根据剩余空间逐步添加内容来发展画面。儿童画中的形式具有一定的偶然性，反映了儿童自身对平衡、和谐、节奏等规律的领悟和心理需求。在儿童画面构成的发展过程中，教师的引导是必要的，教师应智慧地为儿童的绘画发展给予具体的建议和指导。

不同的车　李子宣　4岁

《不同的车》是4岁幼儿的图画，画面空间由两条平行的基底线构成。作者将画面的底边作为一条基底线，线上画了一辆挖土机，画面上方的公路作为另一条基底线，上面有轿车和公共汽车行驶，路边还有交通隔离墩、路标和红绿灯。两条线之间的草地上，有条行人踩出的路，这条弯曲的路巧妙地将上下部分连接起来。

青蛙王子与公主相遇　谷伊秾　5岁

《青蛙王子与公主相遇》是5岁幼儿的想象画。作者用大树将画面分成两部分，画面左边有一口圆形的井，井中水面飘着的荷叶上，有只头戴王冠的青蛙；画面右边站着来树林玩耍的小公主，她披着透明的面纱躲在树后偷看青蛙；树枝向两边伸展，将左右两侧的内容自然地连接起来，形成画面布局上的平衡关系。

《麋鹿》是5岁幼儿的图画。画面中的两只麋鹿，一只驾着雪橇从曲折的路上跑来，另一只麋鹿却安详地卧在路边的草地上休息。两只麋鹿一动一静，给画面增添了几分情趣。

麋鹿　荣伟少华　5岁

当我第一次看这幅画时，首先打动我的是那满天弥漫的雨线，和那些有节奏感的雨点。雨水在风力的影响下，朝一个方向呈弧形飘落。起伏的山上，游人走过后踩出串串脚印。雨水从山上汇集成瀑布流到地面，渗入土里，人们将地下水抽出，引到山上浇灌田地，形成水资源的循环。

我设计的水利工程　刘一霖　5岁

儿童用图像构成的画面，清晰地勾画出作者的心路历程，画面中蕴涵的节奏、平衡、和谐的结构，也反映出作者对形式美准则的敏感。然而，表现出来的这些美的因素和特征，作者本人并不一定能意识到。这种现象体现了人自身在情绪宣泄时的一种愉悦感和满足感。

企鹅的家　李丛臣 6岁

《企鹅的家》是6岁幼儿的命题创作画。企鹅住在三层楼房的家里，最下层装修得很漂亮，有宽敞的回廊，是主人喝茶、乘凉休息的地方。二层是一间很大的游泳池，企鹅经常在这里跳水、游泳。顶层是休息和游戏的地方。在楼的两侧各有一个楼梯，屋顶上还有逃生通道，遇到危险可以坐在笼子里下来逃生。作者从中间的游泳池画起，逐步添加了其它内容，他以切身的生活体验发展画面，从而构成了儿童绘画的童趣和独特性。

《蘑菇》是6岁儿童的写生创作。这幅画中儿童将一把金针菇和几片鲜蘑菇组合成画面，细小的金针菇被有秩序地排成一个整体，它们之间还有不同的高低、疏密变化，几片不规则形的鲜蘑菇散在画面的空白处，构成形的大小、疏密变化。

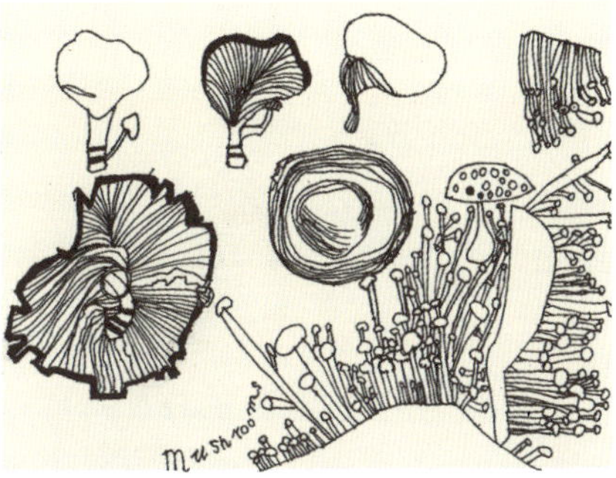

蘑菇　赵雪含　6岁

在儿童艺术活动中，有意识地为儿童出些难题，促使儿童通过自由思考来组织画面，有利于儿童创造性思维的发展。《一堆写生物》就是其中一个课题的实物现场。

一堆写生物

《挂着的饮料瓶和罐》的创作构思显然是作者预先设计的。他从桌子上众多饮料废弃物中，选自己中意的瓶子或易拉罐，拿在手里摆成倾斜状态写生，并把它们进行前后遮挡的组合，想象用绳子挂在墙上的感觉，并依据物体的形状将其安排在不同高低的位置上。同时，挂物的线绳也凭想象作了生动的变化，有的垂下来，有的折回去，还有一段快要断掉的线头，十分真实有趣，体现了作者的想象力和敏锐的观察能力。

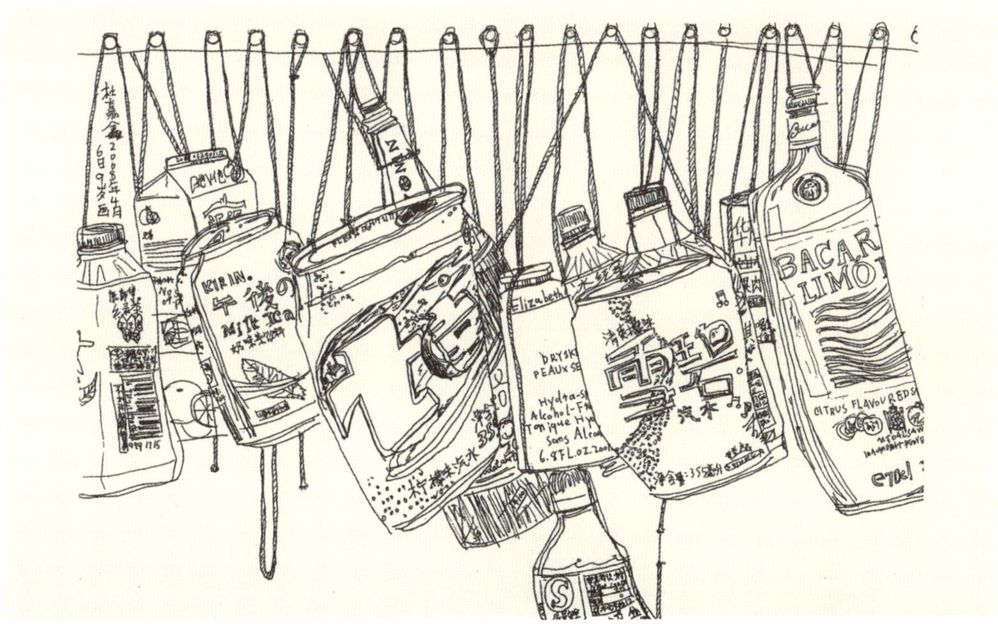

挂着的饮料瓶和罐　杜嘉鑫　9岁

教堂写生　周语冉　4岁

《教堂写生》是4岁幼儿的写生。儿童写生时选取的构图常常反映出他们不同的兴趣点和能力。这幅画作者只从正面画教堂的顶部建筑，用对称式表现，中间一座建筑物完整，两侧建筑只取一部分，构成画面均衡的美感。

教堂　童日林　10岁

这幅《教堂》写生画是10岁儿童在同一地点完成的。作者以写实的方法具体勾画出建筑物的立体结构关系，并以仰视的角度表现了建筑物的雄伟高大。前景选择两棵树插入画面，挡住部分建筑的形，打破了直线形建筑的呆板格局，给构图注入了活力。

画同一题材的内容，由于个人感受不同，儿童也会选择不同的角度表现，在构图上也会体现出不同的艺术效果。

以“小院”为主题的四幅风景写生表现同一题材，由于构图不同，就产生了不同的美感效果。

这幅《小院》是10岁儿童的写生创作，画面以二层小楼的局部为中心，刻画了阳光下的院落、树木、电线、栏杆等一些细节，表现出一派盎然生机和生活情趣。

小院 徐泽宇 10岁

这幅《小院一角》也是10岁儿童的写生创作。画面以电线杆上的线路和屋顶上放置的空调设备为主景物，表现出现代人的生活状况，有浓郁的生活气息。

小院一角 高启晗 10岁

小院黄昏　杨公朴　9岁

《小院黄昏》是9岁儿童的写生画。画面以一棵树和一根电线杆为前景，挡住后面的房屋，从一排窗内发出的明亮灯光，呈现了黄昏降临时另一种美妙的生活情境。

小院一角　朱婧垚　9岁半

《小院一角》是9岁半儿童的写生。作者取平房一角，真实地表现了平房里的生活环境，平面装饰性色彩营造出平实、宁静的生活气氛。

由此可见构图在绘画中有着不同一般的作用，体现着作者的思想和不同的美感体验。

《走廊里坐着的家长》是8岁儿童的写生组合创作。在一个狭窄的长方形画面空间里去安排人物，必然产生人物的遮挡关系。儿童自由地在许多休息的人物中选择对象，从前至后依次写生，并考虑人物间的动态组合，这对儿童的构图能力又是一个挑战。这幅画突出表现了前面一个人的动态神情，然后再以后面三个不同动态的人物作陪衬，使画面统一而和谐。

走廊里坐着的家长　江天翊　8岁

出行的路上　金子菲 8岁半

《出行的路上》是8岁半儿童的命题创作，表现母女二人从家出发去动物园游览的过程。画面以红色轿车作为画中的主体标识，引导观者了解作者的出行路线。画面中，车出门向北行驶，过高架桥后驶出画面，桥旁有电视台和书店。然后，轿车转入画面，调头往南行驶，出画面后又折返再向北行驶，最后到达终点动物园售票处。画面运用多个视角的变化，巧妙地将长途路线缩短，以红色轿车为引导，设计出清晰的路线图。

《城市交通》以城市地标建筑和铁路、公路、河流、湖泊的布局构成画面，形成一幅有趣而优美的地图。画面线条交错复杂，繁而不乱，建筑物在其中起了画龙点睛的作用。

城市交通　李骐羽　8岁

《台阶》是11岁儿童的想象画。作者在画面的黄金分割线处，将构图分为上下两部分。地平线以上安排一片红树林，火红的树枝像被霞光映照着，地平线下的台阶如同一个透明体，透过台阶可以看到水里的游鱼和睡莲。台阶两边有小溪和树木，红树在绿水映衬下，色彩格外靓丽，构成一幅亦真亦幻的美丽景色。

台阶　郭依凡　11岁

《高高的台阶》这幅画用竖构图强调了台阶的高远，到达顶层上的神庙，需要登很长的台阶，透过透明的台阶可见下面的溪水和鹅卵石，秋天的景物将碧绿的水映衬得无比清澈。

儿童图画从无秩序地随意添画图案，到逐渐开始思考如何围绕主题内容发展画面，并有秩序地进行图形排列，从而促使画面产生和谐、平衡、节奏、对比的美感形式。这个发展过程既体现了儿童自身发展的需要，也体现出自然、文化环境对儿童的影响。同时，教育在儿童美术活动过程中，不断给予引导和培养也是必要的环节。儿童在不断的创作实践中，逐步总结经验，从而掌握艺术创作的规律，并不断创新发展。传统的美学规律是人类文化发展的长期积淀，也成为人们审美的共识。继承优秀的文化传统，大胆创新变革是社会发展的需要，也是教育不可推卸的责任。

高高的台阶　徐姝宁　9岁

麋鹿　戴祯　4岁11个月

（六）色彩

儿童对色彩有天生的敏感，他们通过感官，通过内心情感，选择喜欢的颜色随意涂抹，不受真实色彩的局限，形成儿童色彩的表现性特点。儿童画颜色鲜艳，色彩对比强烈，甚至怪诞。儿童随着年龄增长会逐渐积累色彩感受经验，掌握色彩对比规律，在实践中学会色彩的调配方法，画出色调统一和谐的色彩画。

《麋鹿》是近5岁幼儿的画，画面造型和着色能力都很出色。作者运用平面造型的方法，创造出麋鹿的形象。鹿头上平列的双眼和鼻子，与下腭排列的毛发互相交错呼应，产生了平面形的形式美。并列在头上的鹿角和画成一排的四肢，也安排得错落有致，构成图形的装饰趣味。图形着色选用填色的方法，蓝绿色的鹿角与身体的橘黄色形成补色对比，腿部的土绿色起了调和作用。这种无意识的色彩搭配，呈现出儿童对色彩的直觉美感。画面以白色底纸为背景，显得轻松而靓丽。

《春天里的游戏》是5岁幼儿创作的，画面色彩充满了春光明媚的气息。淡黄色的天空与湖蓝色的水，营造出清新、明快的色调。在逆光中放风筝的孩子与钓了大鱼的父亲，脸上、身上的色彩产生了丰富而大胆的对比变化，是色彩的表现性运用。风筝周围的3个儿童站在远处游戏，他们周围的彩点，又给画面增添了几分情趣。

《轧路机》是5岁半幼儿创作的。作者通过蓝橙、红绿的补色对比和黑白对比，以及色面与线的有机结合，使画面产生了意想不到的美感效果。儿童在本能意识的支配下，不受限制地自由运用色彩，正体现出儿童画特有的艺术魅力。

春天里的游戏　轩辕昊楷　5岁

轧路机　鲍京梁　5岁半

迁徙 胡慧宇 6岁

待哺的幼鸟 曹原裴 7岁

《迁徙》是6岁幼儿的创作。画面色彩不仅运用了冷暖对比，同时还注意了鸟与背景色的明度对比。蓝天前的大鸟和橘黄色地面上的植物和鸟类，除了色彩的冷暖变化外，作者还将前景物提高明度，使它们与背景分离，从而突出了主体物。

《听乐曲的感受》是6岁幼儿的创作。用抽象符号表现感受，大多数幼儿很难做到。这幅画作者根据“世界杯主题歌”的节奏和气势，运用各种直线、折线、方形、三角形组成高低起伏的节奏，并通过小方形的跳跃组合渲染了欢快、热烈的气氛。色彩以红、橙、绿为基调，浓重的黑褐色为主调，构成强有力的气势，表现了乐曲旋律的特点。

听乐曲的感受 轩辕昊楷 6岁

儿童色彩画随年龄发展，色彩运用也更加丰富，对比更加协调，画面更加完整有序。

《待哺的幼鸟》是7岁儿童的创作。画面以红、绿、蓝三种色作为背景色，用黑褐、深蓝表现大树和鸟儿，形成鲜明对比。橘黄色的鸟嘴和鸟巢上象征性的彩线，起了画龙点睛的作用。作者巧妙地利用了红色底纸，营造出整体而不单调的色彩效果。

《动物园》是7岁儿童的创作。这幅画利用底纸的暖色，采用较暗的不同灰性色与亮背景对比，使画面色彩亮丽而稳重。

动物园　方一依　7岁

《动物园里的斑马》是7岁半儿童的创作。作者在淡蓝色的底纸上，用蓝和绿表现围在斑马四周的人群和树林，斑马则处在一片亮色调的地面上。身上布满红色、橙色、紫色、蓝色条纹的斑马，显得格外醒目，平面化的动物造型和平涂的色彩构成画面的装饰效果。

动物园里的斑马　刘禧含　7岁半

喧闹的森林　赵睿宸　7岁

《喧闹的森林》是7岁儿童的创作。作者以写实的平涂着色方法表现森林深处的新气象。一列火车从这里穿过，一架直升机飞在林间，许多接人送客的人物穿插在树林里。机车的轰鸣声和人群的喧闹声，打破了树林的宁静，表现了人们生活的新气象。作者通过树木的前后安排，画出树林的空间关系，画面设色单纯而有变化，飞机和人物中的空白，使画面显得更为活泼透气。

保洁工　王一羽　8岁

《保洁工》这幅画的色彩很单纯，在黑色和灰色背景的衬托下，保洁工的橘黄色工作服显得十分明亮。人物红褐色的皮肤和赭石色的帽子，在白色的道路前也显得十分突出。画中的灰色砖块整齐而细致地排列，使简单的画面形式变得丰富起来，加强了绘画的装饰性。

《美丽的村庄》这幅画利用纸张的形状，从不同角度构成一幅优美的田园风光：一条蓝色河流围绕在四周，高大的古树和密实的树苗成为村舍的屏障，红树林、绿草地相映成趣，以红、绿、蓝为主调的色彩中，有小块的黄、橙、白点缀，使画面生机盎然。

儿童在小学中年级以后，色彩写生会注意观察色彩变化，色彩运用更趋向写实。

《花瓶里的莲蓬》是9岁儿童的写生画。在绿色的花衬布前，花瓶和莲蓬的色彩与之对比有了偏红的暖色倾向，它们在白色背景的衬托下，色彩显得更加浓郁丰富。这幅画已脱离了一般儿童习惯的平涂着色，画出了色彩对比中的变化。

《有南瓜的静物》是9岁儿童的写生。画面色彩运用了鲜灰对比。橘红色调的南瓜在灰紫色背景和重色调的台灯、酒瓶的衬托下，显得十分鲜艳突出，前面的蓝绿色花格衬布，使画面既活泼又漂亮。

花瓶里的莲蓬　贾思然　9岁

美丽的村庄　郑好　9岁

有南瓜的静物　王品元 9岁

钟鼓楼　邓健欣 10岁

《钟鼓楼》是10岁儿童的水粉写生。儿童在长期的实践中，已渐渐掌握了调配灰性色的技法，开始能辨别各种灰色倾向，画面逐步有了写实的追求。这幅画色彩和谐，几块纯色在各种灰色中运用得恰到好处，增强了画面色调的美感。

人像　米林泉　9岁

《人像》是9岁儿童的色彩写生。这一时期的儿童尚无素描基础，根据人物面部结构表现色彩变化有一定难度。这幅画色彩大关系整体、生动，暖色调的头发和肤色，在蓝格子衬衫的对比下显得真实、贴切。用色、用笔大胆肯定，人物形象生动有趣。

儿童的色彩表现是情感的、个性的，我们在教学中应充分尊重他们的色彩表现特点，同时需要根据不同学生的特点，及时给予建设性引导，对于色彩的性能和调配方法，也要根据儿童艺术发展的需要及时给予指导。

第二章

儿童原创艺术发展

第二章　儿童原创艺术发展

对于儿童艺术的发展，我在近半个世纪的观察与研究中，有足够的理由说明，绘画的确是人的一种潜能，问题是这种潜在能力在儿童的成长过程中，能不能得到足够的重视和培养。事实上，在现实生活中，一般孩子幼儿时都喜欢用笔或颜料涂抹，这种萌芽状态的绘画兴趣，如果能给予及时鼓励和引导，对儿童的身心发展是极为有利的。因为，儿童认识世界、感知外界、增长知识和经验，就是从形象思维发展开始的。

我接触过不少高素质、懂教育的家长，他们对子女的早期教育，都付出过不少心血，为孩子的成长打下了良好的基础。我认识的一位社会科学院的学者，他非常关注孩子的早期教育，鼓励儿子凡凡用图画表现生活感受，保存了儿子许多幼年时的有趣图画，成为我了解和研究儿童艺术发展的宝贵资料。还有位法官妈妈，她培养儿子的绘画兴趣更有自己的独特方法。她的儿子卓卓告诉我，小时候妈妈从不给买玩具，只给一块橡皮泥，满足他喜欢动手捏各种形象的兴趣，他也对这种活动乐此不疲，他所创造的形象十分精致，小到可以装进核桃大的空间里。如今，他对美术设计的热情始终不减，已成为一名高级美术师。

我也看到有不少儿童从怕画画，到喜欢画、坚持画，发展成为绘画的特长生，这些孩子共同的特点是有母亲的耐心陪伴和支持。有位叫菁菁的小女孩，我第一次见到她时，她刚3岁多，她因怕生人躲在妈妈怀里。她喜欢跳

狮子一家　吴青蔚　3岁半

京剧人物　吴青蔚　5岁

舞，穿着一身洁白的衣裙，美丽得像个小天使。她在幼儿园常因为画画被老师批评，所以最怕画画。妈妈为了解除她的困惑，带她来学画。第一次进教室她不敢看老师，在老师的耐心鼓励下，她终于拿起了画笔。那天，我看到她画的小狮子与众不同，她将狮子画成像人那样站立着的“蝌蚪人”形象，使我十分欣喜。从此这个孩子就有了画画的自信，并一直坚持参加绘画活动，也让我们看到她随着图画能力的进步慢慢长大。《狮子一家》是菁菁3岁半时创作的，《京剧人物》是菁菁5岁时画的，用线大胆而且生动，《古建筑》是菁菁10岁时创作的粉印版画。她说自己画画最大的收获是对立体空间的理解。

古建筑（粉印版画） 吴青蔚 10岁

《屋顶上的绿色植物》这幅以绿色环保为题材的主题创作，是菁菁10岁时的作品，充分显示了作者敏锐的观察力和想象力。

屋顶上的绿色植物 吴青蔚 10岁

还有位小姑娘叫强衡夏，听她妈妈说，刚来培训中心时，每次来上课前她都要哭，不想来，说：“画画太难啦！”因为她只希望由老师一笔一画地教临摹，不适应我们的启发式教学。后来她逐渐适应了这种教学，并掌握了创作的方法，由此也对绘画产生了浓厚的兴趣。有次她发高烧，仍坚持要来画画，因为这是她每周最盼望的一天。她说：“我现在想怎么画都能画出来。”绘画给了她极大的自信和兴趣。

当然，对于那些十分喜欢和热爱画画的孩子，我看到了他们日复一日的进步，他们的表现能力常让我惊讶无比。不过也有些很有艺术才华的孩子，他们因为学习的压力而中断了绘画活动，这使我惋惜。对于成长中的中小学生来说，艺术活动并不是职业教育，而是一项有利于身心发展的活动。我深信儿童的艺术活动如果能得到持续发展，必然会使儿童从中得到愉悦、自信，获得自由运用艺术语言表达思想的能力，从而使他们体验到精神生活的满足。只有这样，他们才能将艺术活动变成终生不可或缺的一部分。

第一节 儿童原创艺术与心智成长

一、儿童艺术发展的轨迹

一百多年前西方心理学家和美术教育家就注意到，儿童艺术发展与心智成长密切相关，并将儿童的心智成长与他们艺术的发展相对照，将其划分为若干发展阶段。

瑞士心理学家皮亚杰把儿童智力发展分为四个阶段：

0～2岁感觉运动期，探索自我与外界物体期；

2～7岁预见运用思想，以自我为中心推测外界期；

7～13岁实际运用时期，进行逻辑推理期；

11～15岁正式运用时期，对具体观念能合理解释期。

美国美术教育家维克多·罗恩菲德，1957年出版的著作《创造与心智成长》中认为儿童美术乃是儿童心智成长的一种反映，他把儿童的绘画发展分为六个阶段：

涂鸦期 2～4岁，无形象的图画期；

前图式期（又称象征期） 4～7岁，创造抽象符号表现期；

图式期 7～9岁，用图形表现感受期；

写实初期 9～11岁，通过直觉和想象表现物体期；

拟写实期 11～13岁，通过观察较真实再现物象期；

决心时期（又称转型期） 15岁以后，创造表现停滞期。

他们研究的最大贡献是发现儿童的绘画能力来源于人自身的潜能，而不是外在的技能传授。他们认为根据儿童的绘画能力，可以了解儿童的心智发展水平。因为，儿童的绘画发展与心智发展是同步的。

我根据这一理论研究，从儿童的发展实际观察，发现两者的确密切相关。然而，我也注意到儿童原创艺术的发展，呈现的并非是一条自然发展的轨迹。因为影响人发展的因素很多，如社会环境的影响、不同家庭条件的影响、不同文化教育的影响、儿童不同的智力类型，以及不同的性格爱好……这些因素都会使儿童的发展产生不平衡。因此，对于前人所总结的发展阶段，我们只能作为观察儿童艺术发展的参考，而不能作为判断的标准。儿童原创艺术既反映儿童的心理发育特征，同时也可看到后天教育在儿童成长中所起的重要作用。

（一）几个不同儿童绘画能力的发展

1. 光影艺术家丁昕童年的绘画发展

丁昕出生于艺术之家，父母都是中央美术学院的教授，童年的丁昕就住在学校的院子里。因此，我有机会得到他们的配合，收集到幼年丁昕绘画发展的珍贵资料。丁昕幼年在绘画方面受到父母的极大关爱和细心培养，在艺术发展方面较一般儿童要超前。

幼年丁昕

丁昕1岁多时的画

《妈妈》这幅画乍一看像是一幅幼儿涂鸦，然而再仔细看会发现所表现的是一个女人的头，在那些随意画的线下边，有一个近似三角形的图形，孩子稚嫩的小手还掌握不好画一个形状的技巧，这个符号大概表现的是个有眼睛的人脸，在头的下面画了两条线和小圆表示手臂。这就是幼儿初次画人的雏形。

妈妈　丁昕　1岁半

《爸爸和妈妈》是丁昕快2岁时画的爸爸和妈妈。那个小圆大概是妈妈，头上的三角形是妈妈头上梳的马尾辫，脸上有眼睛和嘴。大圆大概是爸爸的脸，因为他戴着一副眼镜，人脸上的五官位置也安排得基本合适。

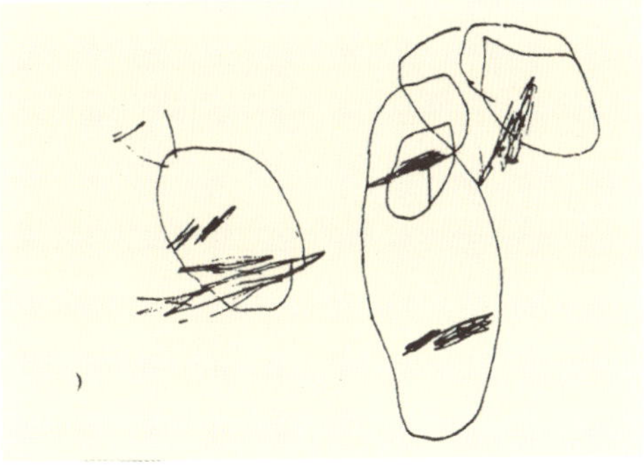

爸爸和妈妈　丁昕　1岁11个月

《爸爸和妈妈》是丁昕快2岁时为妈妈和爸爸画的像。妈妈的形象开始出现头、颈、身体，爸爸的面部形象更为具体，不仅五官俱全，还有头发。

从以上三幅画我们可以看出丁昕在母亲的耐心引导下开始出现了儿童图画的象征期萌芽。

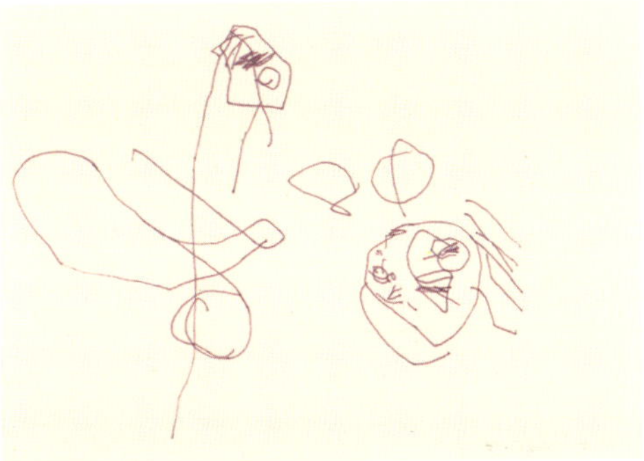

爸爸和妈妈　丁昕　1岁11个月

丁昕2岁时的画

下图左、中两幅名为《爸爸》的画，表明丁昕已进入图画的象征期，他可以将人物复杂的形简化为简单的形来表现，将四肢直接从头上长出来。这种方法一般儿童是在3~4岁时才出现。

这种情况在丁昕2岁2个月之后就发生了很大的变化。下右图中人物形象表现得不仅生动而且真实，面部五官画得具体贴切，用线不仅大胆肯定，而且稚拙、率真，令人喜爱。

爸爸　丁昕　2岁

爸爸　丁昕　2岁2个月

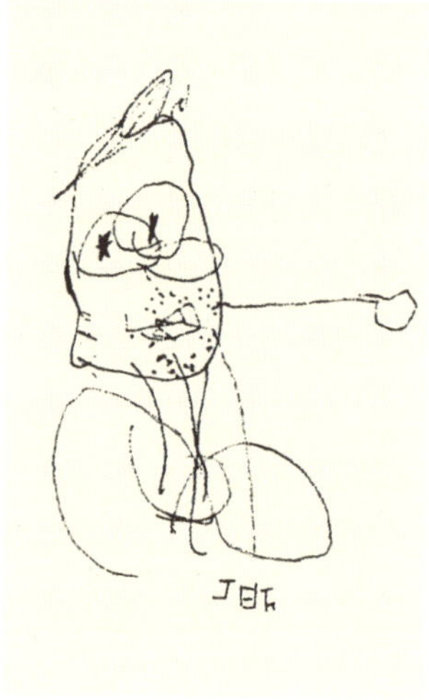

爸爸　丁昕　2岁2个月

看书的小朋友　丁昕　3岁半

丁昕3岁时的作品

《看书的小朋友》是丁昕从幼儿园回家后画的。我还清楚地记得，丁昕妈妈拿给我看时那种兴奋劲儿。丁昕妈妈是画家，如果教孩子绘画技法是件很容易的事，然而丁昕的妈妈信守了不教孩子技法的原则。她被儿子的创造表现所感动，兴奋地说：“这是丁昕第一次画侧面的人。”画面中人物为侧面，五官突显在外部，说明儿童在观察中已了解五官位置的内外变化。丁昕在人物脚的后面还画了个小方块，他说：“这是鞋的后跟。”这个表现方式把我们都笑翻了。可见，孩子受认知能力影响，促使他将思考的东西用图形表现出来。

丁昕画的《爸爸》是人物坐像写生，体现了进入象征期儿童的绘画特点。他能将复杂的人物形象简化为较为规则的完美形，简约而完整。

《掏粪车》这幅记忆画据丁昕父亲介绍，是反复带儿子去观察院子里的掏粪马车，经过三次才画出来的。丁昕记忆中的马有长形的头和长圆形的身体，后面有条大尾巴，马的腹部下有许多线代表腿。马的后面画了两个圆形车轮，两轮间有一条连接的线表示车，车轮上的三条线与马尾相连，他说这是马车的辕。画面内容虽然与真实有出入，但总体还是表现了事物的特征。这个简化了的图形已抓住了要点，体现了儿童的综合表现力。

《车祸》这幅画描绘了一场交通事故的现场，一辆公共汽车与大卡车相撞，后面还有两辆追尾的轿车，路上的红绿灯描绘了事发地区的环境，充分表现了儿童所具有的观察、记忆以及概括的能力。

爸爸　丁昕　3岁半

掏粪车　丁昕　3岁

车祸　丁昕　3岁

丁昕4~5岁时的写生画

儿童4岁是形象知觉的敏感期。为了避免儿童出现绘画的概念化倾向，我们尝试从幼儿起开始画写生，以锻炼儿童的观察力和感知力。

姥姥　丁昕　4岁

《姥姥》这幅人物写生画生动具体，作者能根据观察感受表现对象，脱离了幼儿凭记忆和印象画画的习惯。这是幼儿跨上了新台阶的迹象。画面整体，特征捕捉准确。

《爷爷的生日礼物》是丁昕4岁时的写生画。丁昕的爷爷原是我国驻德使馆的外交武官。老人的外貌帅气有风度，一副大眼镜，头戴贝雷帽，留着元宝胡须，手拿雪茄，悠闲地坐着。画面抓住老人的神采，用线简练地勾画出来，充满了激情和爱。

《爸爸》是丁昕5岁时的写生画。人物头部动态、透视已开始写实，幼儿开始能依据客观形态认真观察表现，说明他在观察力和思维能力的发展上又前进了一步。

爷爷的生日礼物　丁昕　4岁

爸爸　丁昕　5岁

丁昕7岁时的写生画

这个时期，丁昕的线画开始表现出一种形式美感，线的组织严谨，造型独特，观察对象认真细致，能创造形象符号表现感受，已具有一定的写实能力。

爸爸和妈妈　丁昕　7岁

爸爸丁一林　丁昕　7岁

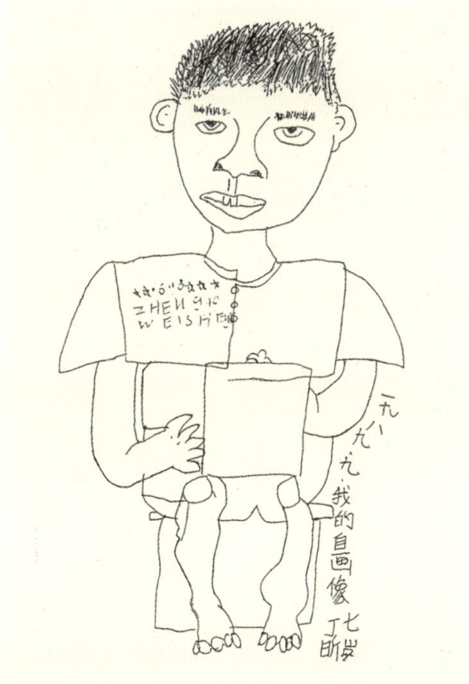

自画像　丁昕　7岁

丁昕8岁时的写生画

下面两幅写生画充分展示了作者对艺术语言的驾驭能力。在儿童的稚拙趣味中，透出作者对艺术形式的娴熟。这大概就是生活在艺术环境中的孩子的得天独厚之处，每天耳濡目染父母的画，大量的艺术作品的熏陶，自然会比一般儿童吸收、感悟得深刻些。

妈妈　丁昕　8岁

小花猫　丁昕　8岁

北京东交民巷有个漂亮的钟楼，十分入画。丁昕所画的《东交民巷钟楼写生》的角度是钟楼的侧面，灰色的砖墙，建筑的前面有一片树林。这幅写生需要对景物进行归纳处理，丁昕用了色彩勾填的方法，很好地表现了这个景色。

东交民巷钟楼写生　丁昕　8岁

丁昕9岁时创作的抽象绘画

这两幅作品表现了丁昕听了乐曲《星空》之后的感受。《乐声》表现了乐曲的节奏和韵律之美，《乐器的感觉》表现了对乐曲中各种乐器声响的感觉，如大鼓的震耳欲聋，弦乐的柔美细腻，钢琴键盘的音速，都用视觉符号表现了出来。

乐声　丁昕　9岁

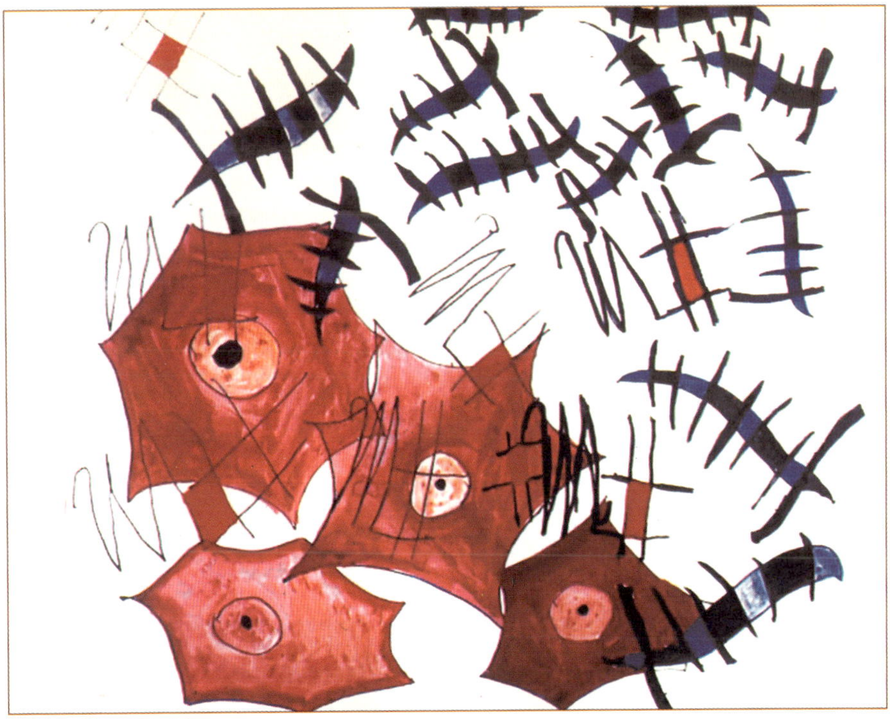

乐器的感觉　丁昕　9岁

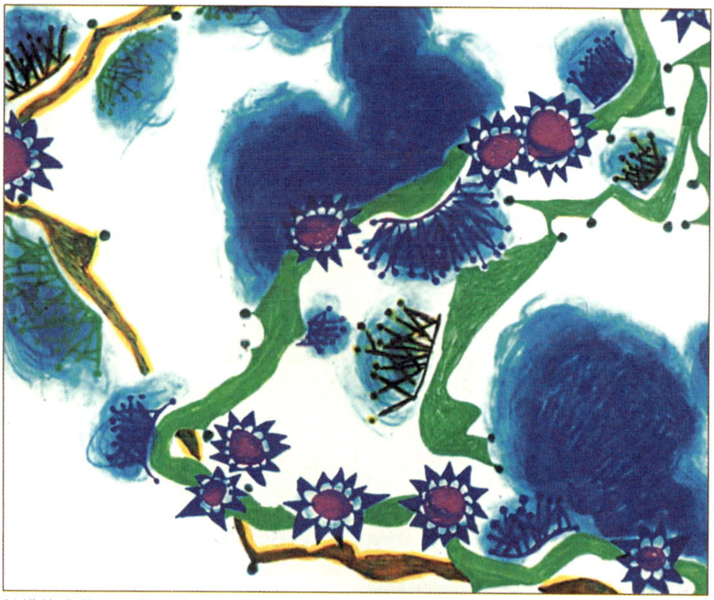

触摸的感觉　丁昕　9岁

《触摸的感觉》是触觉创作，通过手摸物体，将不同质地物体的感觉表现出来。如棉花的蓬松柔软，玻璃品的光滑坚硬，藤条穿编物的粗糙等，都能用不同的符号表现出来。

《闻到的感觉》是嗅觉创作，即将闻的感觉，如薄荷的凉气，柑橘的酸甜，咖啡香而苦的味道，用视觉符号传达出来。这些感觉神经的练习显示了作者对抽象艺术的敏锐感受力和视觉创造力。

闻到的感觉　丁昕　9岁

丁昕10岁时的写生及创作

从《妈妈全身像》中，不难看出作者的人物写生已相当写实，真实再现了他母亲的相貌。画面用线并不华丽，作画朴实、认真，对每个细节都用心去表现，所画的那双旧球鞋，不禁让我回忆起那个久远年代所熟悉的亲切印象。

《金丝熊的故事》是丁昕创作的连环画中的一幅，记录妈妈为他购买心爱的小金丝熊的故事。他的每幅画都依据写生进行创作，所以人物、环境都真实具体，构图设色具有形式美感。

丁昕的成长一方面可以看出他是个有天分的孩子，聪明、认真、踏实、听话，同时也可以看出家庭环境、父母的启发和关爱对他的影响。他的艺术超前发展不是技法传授所致，而是对能力的启发和引导，这种能力是在日复一日的关注中慢慢成长起来的，不能操之过急，也不要让孩子走捷径。丁昕的写生能力发展验证了一个道理：儿童依靠直觉，通过视觉思维发展可以在艺术发展方面顺利渡过了青少年“转型期”的低谷，通过自主学习最终实现自己所追求的艺术发展之路。

妈妈全身像　丁昕　10岁

金丝熊的故事　丁昕　10岁

2. 仿生动物设计家陈思童年的艺术发展

今年初春，我见到了童年在我这学画的两个孩子，凡凡和卓卓。十多年没见，他们已长成1米8的帅小伙儿啦。兄弟二人如今从事不同专业的工作。凡凡学名叫陈思，毕业于北京师范大学化学系，卓卓学名叫徐瀚霖，毕业于理工大艺术设计系，现担任多媒体艺术设计高级美术师。我问陈思为什么不画画了，他说："当时大家都认为学习不好的孩子才去学艺术，所以我报考了北京师范大学，自己喜欢生物却被分到了化学系。现在我还是喜欢动物，所以我们研制仿生动物的三维制作。"徐瀚霖说："我就喜欢画画，不管别人说什么，我就做自己想做的事。"我想，一个人无论将来从事什么工作，童年的爱好会在他们一生中产生影响，艺术对人的发展起着不可估量的作用。

陈思从小就是个要强的孩子，做事认真、懂事，话不多，有主见，性格内向。他的父亲是中国社会科学院研究亚洲问题的专家，母亲在部队从事科研工作。父母亲在陈思很小时发现他爱画画，便用心加以培养。我在陈思学画中结识了他父亲，他对我的研究工作给予了无私的帮助。他为儿子创造各种体验和认识生活的机会，并启发儿子凭记忆画下来，让孩子留下许多生动而富有创造力的图画。陈思进入我创办的教学实验基地后，通过直觉写生、创作，又留下许多作品，使我们了解了他在艺术方面的发展状况。

幼年陈思室外写生

陈思2岁半时的绘画

陈思2岁半时画的妈妈属于象征期图画。人物头部表现较为具体，人物身体四肢由头部伸出来，我们称为"蝌蚪人"图画。

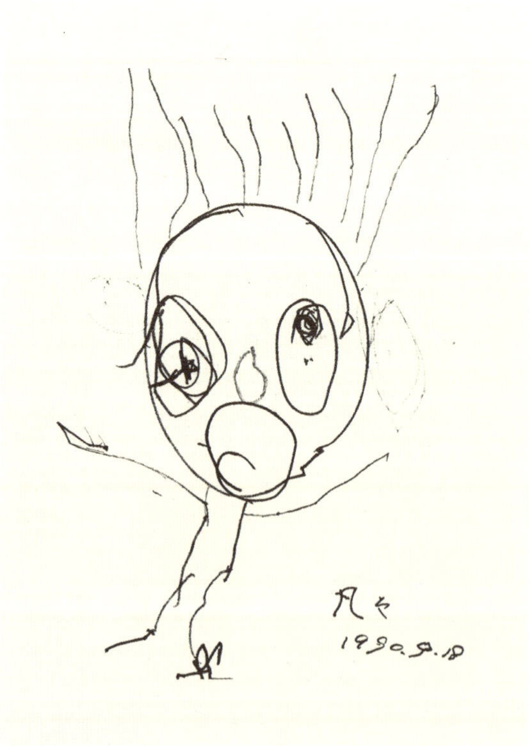

妈妈　陈思　2岁半

陈思3岁时的生活记忆画

《小鹿姐姐》《打架》两幅画表现了他在幼儿园生活的内容。作者创造性地运用象征符号塑造形象，所画人物有表情、有动态，场面十分生动，展现了陈思创意想象能力的超前发展。

《妈妈抱我》《爸爸坐在椅子上喝水》体现了这一时期幼儿思维发展的特点，即认为各物体都是独立存在的，互相不产生联系，如妈妈两手张开，孩子贴在她胸前，父亲手托杯子，人和椅子处于分离状态。

小鹿姐姐　陈思　3岁2个月

妈妈抱我　陈思　3岁半

打架　陈思　3岁半

老虎生孩子　陈思　3岁半

《老虎生孩子》的题材来源于陈思知道了三姨生了孩子，便联想到老虎生子时的样子。

《坐在椅子上的爸爸》这幅画是陈思距前一幅画半年之后画的重复题材。从中可以看出随着儿童生活经验和阅历的发展，画面人物已由象征期进入图式阶段，画面中的人虽然还没坐到椅子上，但双方的方位关系已显示出人是坐在椅子的上方。

可见，儿童绘画技能受意象发展影响，他们的画表现个体认识的生活真实，图画创作显示了儿童潜在的创作智慧。

爸爸坐在椅子上喝水　陈思　3岁

坐在椅子上的爸爸　陈思　3岁半

陈思4岁时的画

陈思4岁时，画了大量的生活记忆画，其中部分作品涉及了更加复杂的空间场面，表现了作者创造画面空间的能力。

《妈妈抱我看直升飞机》表现妈妈抱着他在家的院子里看直升飞机升空的情形。画面中人物背景是居住的楼房，直升机的造型特征比较准确，飞机两侧发射的炮火大概是想象的内容。

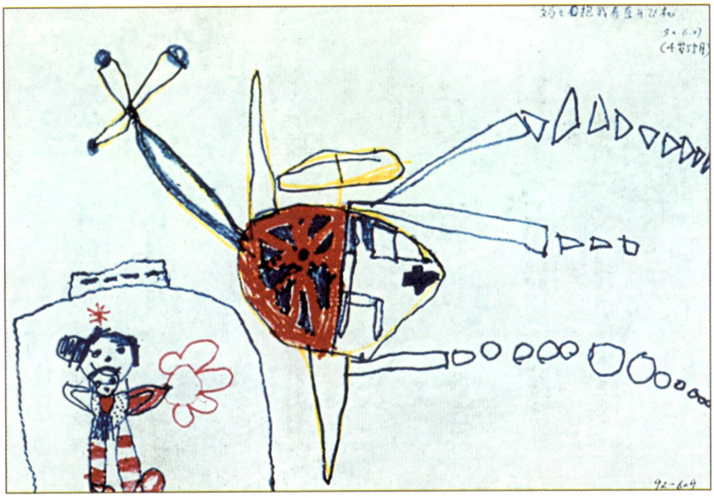

妈妈抱我看直升飞机　陈思　4岁5个月

《致远号战舰》是作者看甲午战争电视片的记忆画。画面上画了战舰在海上航行，三只简笔画大雁在空中遨翔。陈思爸爸看后说：“我不喜欢这样的鸟，我更喜欢你自己画的那种鸟。”于是，陈思在天空两侧又添画了两只生动的胖鸟。可见，家长的鼓励和提醒本身就体现了艺术教育的导向。

致远号战舰　陈思　4岁5个月

去旅游　陈思　4岁

在《去旅游》这幅画中，作者描绘了这样的场景，一辆轿车内坐了三个侧面的人，车前有照明灯，车尾有备用车胎，两侧还有伸出的翅膀，人物下面各有一个车轮。这大概是儿童对安全的联想。画面中人与车已表现出了遮挡关系，体现了作者的心智发展状况。

《看海豚表演》表现了父亲与陈思去北京动物园海洋馆观看海豚表演的场面。画面用了两种视角表现构图空间：池子里的海豚用俯视图，周围的观众用侧面排列人物的平视构图表现。这种混合空间形式是儿童画常用的方法。在人物表现方面，两位主要人物画得较为具体，其他观众用简化符号表现，表现出孩子的聪明才智。

看海豚表演　陈思　4岁

会飞的老鼠　陈思　4岁8个月

《会飞的老鼠》是一幅充满童趣的想象画。在山峦间有一座美丽的城堡，三只老鼠出现在城墙的洞口，有一只大老鼠已飞出去。画面中，老鼠的动态和疏密安排都很生动，画面构图主体突出，点和线的运用疏密有序，体现了作者组织运用艺术元素的能力。

儿童原创绘画的美感表现是一种人与自然和谐发展的潜在能力，也是儿童无意识心灵的自然反映。

陈思5岁时的绘画

《爸爸做木工》是幅写生画。作者依靠直觉学习观察写生对象，捕捉特征，再用线表现。这幅写生虽然较为简单，人物刻画也不太具体细致，但却概括了人物的动态结构，说明作者的视觉思维能力得到了很好的发展。

爸爸做木工　陈思　5岁

爸爸坐在椅子上　陈思　5岁半

陈思经过近三年的自学，又画了幅《爸爸坐在椅子上》的作品，从中我仍可以看到，他已自行解决了人与椅子的关系，印证了认知能力和感知能力的巨大进步。可见，技能教学虽然能使技法速成，却压抑了儿童在创造力发展过程中的自信，不利于他们身心的自然发展。

北戴河游记——抓螃蟹　陈思　6岁

陈思6岁时的作品

这一时期他在写实能力和组织画面能力上有了飞速的发展。

《北戴河游记》是一套组画。《抓螃蟹》是其中一幅。画面中螃蟹的动态表情十分生动，沙滩与海面的构图安排也很巧妙，人物、动物造型稚拙有趣，充分表现了儿童对生活的直观感受。

《苗家妇女》是陈思6岁去湘西凤凰县拉尔山采风的写生。这幅画表明他在造型表现方面具有敏锐的感知能力，画面人物真实、具体、生动，用线轻松、肯定，线的组合具有节奏美感。

《从家到学校》是幅命题创作，要求根据记忆表现从家出发去学校沿途经过的路线和景物。作者将这一过程进行了取舍，景物安排简明扼要，主体突出，画面构图整体而有变化，体现了作者较好的创意构思能力。

苗家妇女　陈思　6岁

从家到学校（记忆画）　陈思　6岁

湘西采风印象　陈思　6岁半

《湘西采风印象》这幅创作画集中体现了幼年陈思对生活的感悟能力、记忆能力和理解力。去湘西采风是我在国内首次组织儿童体验生活的艺术实践，为此北京电视台还热情地派了一个摄制组与我们同行，随团进行采访报导。孩子们头顶烈日，脚踏泥泞的石头路，不怕下雨刮风，不怕蚊虫叮咬，不仅体验了少数民族的风情和生活，也受到了毅力和耐力的锻炼。这幅画用一个环形的列车和民居寨子，将采风中最主要的情节表现了出来。一列火车的车头有司机，车厢中有老师为小朋友讲评作品，有的家长在聊天、看书，小朋友在玩耍，还有人在餐车用餐，在卫生间如厕。列车到达湘西站，进寨时，有少数民族的欢迎仪式。画面右边表现了苗族竹楼内的生活，画面中央是少数民族骑着图腾奔向太阳的场景。全画内容清晰，人物生动有趣。

陈思7岁时的写生

《颐和园佛香阁》这幅画是陈思7岁时画的写生，从中可看出他的艺术发展已开始进入写实期，能较为真实地再现对象，并进行画面处理。

颐和园佛香阁 陈思 7岁

山西丁村写生　陈思　9岁

陈思9~10岁时的写生

《山西丁村写生》《徽州民居写生》两幅采风写生，无论在线描运用还是色调归纳方面，都明显表现出一定的专业水平。儿童9岁、10岁阶段理性思维刚开始发展，陈思已超越了他的年龄限制。

儿童艺术表现力的超前发展，既反映了儿童自身的心智发展水平，更重要的是受到了正确的引导和培养。虽然陈思最终并没有选择美术专业继续深造，但童年在艺术上受到的滋养将会对他一生产生影响。

徽州民居写生　陈思　10岁

3. 追梦艺术家张墨童年的艺术发展

张墨出身于知识分子家庭，在良好的教育环境中备受呵护。他很小就显示出了浓厚的绘画兴趣，成为屡获大奖的著名画童。他聪明、上进，文化课成绩优秀，就读北京重点中学，后考入名校大学中文系，立志做一名美术评论家。毕业后先后考入清华大学美术学院绘画系、法国巴黎第四大学，目前在法国凡尔赛美术学院绘画系继续深造。他的学习经历，为他在文化艺术修养方面奠定了深厚的基础。

张墨参加绘画比赛

张墨2岁时的命名涂鸦

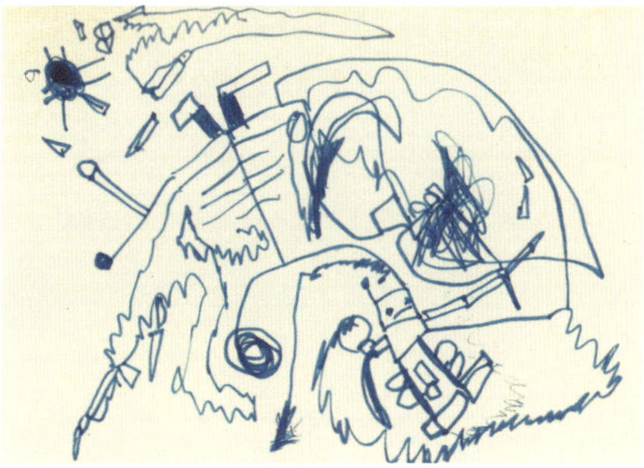

命名涂鸦 张墨 2岁

张墨3岁时的绘画

张墨在3岁时绘画进入象征期。《动物园所见》（长卷局部）这幅画是他与父母参观北京动物园后，凭记忆画出的所见到的各种动物，显示了幼年张墨良好的形象记忆力和感知能力。

动物园所见 张墨 3岁

张墨4岁时的绘画

《游轮》《看亚运会比赛》两幅记忆画是张墨4岁时的生活记忆画。这一时期他能将人物与环境的关系合理布局，在空间知觉发展方面有突出表现。画面上轮船中的人物与船体的内外关系，以及观看游泳的人物之间的前后关系、大小透视变化，都很好地表现出来了。

游轮　张墨　4岁

看亚运会比赛　张墨　4岁

张墨5岁时的画

《妈妈》是张墨画的第一幅写生画，形象特征准确，面部结构及透视关系明确，用线肯定，体现了前写实期的绘画特点。

《救护》这幅作品是作者这一时期的代表作。他喜欢按物象比例关系，将缩小的人物用影像形式表现，并喜欢用黑白色块对比表现内容，体现了幼年张墨对画面形式的思考。如医院的楼房用暗色块，衬托房间灯下的人物活动，室外的救护车用线勾画，与吉普车的暗色块产生对比，直升机上部与下部的黑白关系等，使画面产生了对比而又和谐的形式美感。

妈妈　张墨　5岁

救护　张墨　5岁

张墨6岁时的色彩写生与创作

《人像》表现了灯光下人物面部的色彩变化。作者通过冷暖色彩变化，将面部结构用不同色块加以区别，反映了作者以感知为基础的视觉思维能力。

《窗外》这幅创作是空间想象构成练习，要求透过窗子的六块玻璃，添画室外景物，组合成一幅非再现性环境。这幅画作者在左上角上下两块玻璃外，画了一棵蓝色逆光下的树，树枝间的鸟巢中，许多幼鸟伸长脖子嗷嗷待哺，蓝橙色的补色对比构成强烈的色彩效果。左下角玻璃外的画面将深蓝色延续为天空色，衬托出黄色楼房的一角。右边三块玻璃外画了不同的内容，色彩以深蓝为统一色调，衬托着白色窗框，构成统一和谐的对比效果。

人像　张墨　6岁

窗外　张墨　6岁

各种各样的人　张墨　6岁

《各种各样的人》这幅主题创作要求表现见过的不同人物形象。画面表现了3个相貌、肤色不同的男人，有的在抽烟，有的在说笑，显示了作者运用复色的能力。

张墨7岁时的写生画

张墨从7岁开始绘画能力迅速发展，已进入写实期。他对线的表现和色彩的对比调和运用已驾轻就熟，能较真实地表现写生对象。

叔叔 张墨 7岁

妈妈 张墨 7岁

静物 张墨 7岁

张墨多次参加国际、国内绘画比赛并屡获大奖。这些作品无论是中国画，还是用民间色彩表现的，在构图形式、主题表达方面都显示出优异的才能，是个不折不扣的小画家。

风景写生　张墨　7岁

《咏鹅》是作者在海峡两岸画唐诗比赛中的获奖作品。《咏鹅》这首诗是我国唐代著名文学家骆宾王的作品。诗中“鹅、鹅、鹅，曲项向天歌。白毛浮绿水，红掌拨清波。”形象地勾画出白鹅戏水的美妙意境。张墨的绘画不仅画出了诗意，而且透过两个儿童偷窥的情节，使诗画相呼应，而且水墨的形式更增加了诗意中的美感。

咏鹅　张墨　7岁

老北京小吃　张墨　7岁

《老北京小吃》取材于中国民间传统食文化。茶汤是过去在北京前门一带深受百姓喜爱的小吃，在店门前用大铜壶中的开水，现场冲茶汤，是民俗一景。画面采用民间色彩形式，具有装饰美感。

《太空飞行发展史话》以儿童的视角用火箭升空的场景象征我国航天事业的发展。画面中主体物鲜明突出，色彩冷暖对比强烈，使主题一目了然。

太空飞行发展史话　张墨　7岁

张墨8岁时的画

《拔罐的老人》这幅画是张墨在母亲工作的医院观看病人治疗时的速写，真实生动地表现了作者的感受，人物形象、动态结构、人物透视关系都表现得十分出色。

拔罐的老人 张墨 8岁

《吊脚楼》《拉尔山石头山寨》是张墨去我国湖南湘西采风时的两幅写生画，表现的是凤凰城的吊脚楼和拉尔山的石头寨风光。画面构图独具匠心，繁杂的景物经过取舍和组织，构成一幅具有创作性质的线描风景画。由此可以看出张墨在艺术发展上进入了审美表现期。

吊脚楼 张墨 8岁

拉尔山石头山寨　张墨　8岁

《未来的城市》是一幅想象画。林立的高楼大厦，表现了未来城市的繁荣景象。作者运用水墨技巧，使画面具有中国绘画的独特风格。

未来的城市　张墨　8岁

北京牛街礼拜寺　张墨　9岁

世上只有妈妈好　张墨　9岁

《北京牛街礼拜寺》这幅画场景较大，寺庙建筑的各种透视变化十分复杂，作者却能在闹市的街道上静心作画。画面中线的组织和处理既生动又清晰明确，反应出作者各方面能力得到了全面发展。

《世上只有妈妈好》这幅画借用歌词的主题创作，表现了作者对母爱的理解。秋天的大树上，挂满了红色、橙色、黄色的树叶，象征了丰收季节的来临，鸟巢里的幼鸟争食鸟妈妈捕来的小虫，它们在妈妈的哺育下快乐长大。画面构图饱满，充满生机，十分招人喜爱。

欢乐的节日　张墨　9岁

《欢乐的节日》描绘的是中国节庆中的民俗活动，踩高跷是其中一项典型的舞蹈。在锣鼓的伴奏下，化装成古代人物的民间艺人，站在高跷上表演各种惊险动作，场面十分热闹。作者运用中国画的彩墨技法，出色地展现了节日的喜庆场面。

张墨10岁时的画

批发集市　张墨　10岁

当我第一次看到张墨的这些画时，着实被惊住了，这种驾驭画面的能力，像是出自受过专业训练的画家之手。表现农贸集市题材的写生画《批发集市》，采用四面出边框的方法，满满的果实堆积在一起，丰富而不杂乱。作品通过线的疏密、黑白层次变化，使画面内容清晰而富于节奏美感。《斋堂川底下采风》两幅风景写生，将那个破旧的小村庄表现得秀美而引人入胜。房屋由近及远沿着山坡起伏变化，给人无尽的遐想空间。石块垒砌的山路，以及古树、老井都会勾起人们对陈年旧事的回忆。

斋堂川底下采风　张墨　10岁

斋堂川底下采风　张墨　10岁

张墨童年艺术的超常发展，一方面可以看出他的确是个非常优秀的孩子，聪明、踏实，勇于挑战自己。凭着超强的记忆力、敏锐的感知力以及对生活和艺术的感悟力，使他由对绘画的喜爱，逐步发展成为志趣。另一方面，说明张墨的成长与其父母对他的精心培养不无关系。张墨在艺术发展上突出了两条线，即写生能力和创作能力并行发展。这两方面能力相辅相成，使他经过不断的艺术实践，逐渐掌握了艺术语言的形式规律，并日渐成熟。这也与他父亲的及时点拨分不开。张墨父母对他的关爱和期望，为他创造了锻炼的机会，使他能在众多爱画画的孩子中脱颖而出。

（二）不同年龄儿童的课题实验观察

为了观察研究儿童在不同年龄阶段，绘画能力与心智发展的关系，我们通过同一题材内容进行技能发展对比，如画旅游鞋、画藤椅、画鸡冠花等，通过教学启发证实，人的艺术表现能力与心智发展水平密切相关，不同年龄儿童的艺术发展都有迹可寻。

1. 人物写生能力的发展

儿童4岁是形象知觉的敏感期，因此我们安排儿童4岁起尝试画人物写生。

4岁和4岁半幼儿所画的人物写生较之3岁幼儿画的“蝌蚪人”，形象更具体，体现了作者的知觉意象。如人物画了头发和身体，四肢不再从头上画出来，而是从身体部位伸展出来。

苗得阳　4岁9月

《坐着的人》是5岁幼儿表现的一位坐着的女人，画面仍处于绘画表现的象征期。作者运用不同的形和线，凭主观印象勾画人物，所表现的形象更加具体，如面部有五官、头发，衣服上有口袋、纽扣，手臂前端的手上有五指，腿部则用折线表现大、小腿的坐姿关系，反映出幼儿认知和感知能力的发展。

钟以琳　4岁

坐着的人　柳絮杨　5岁

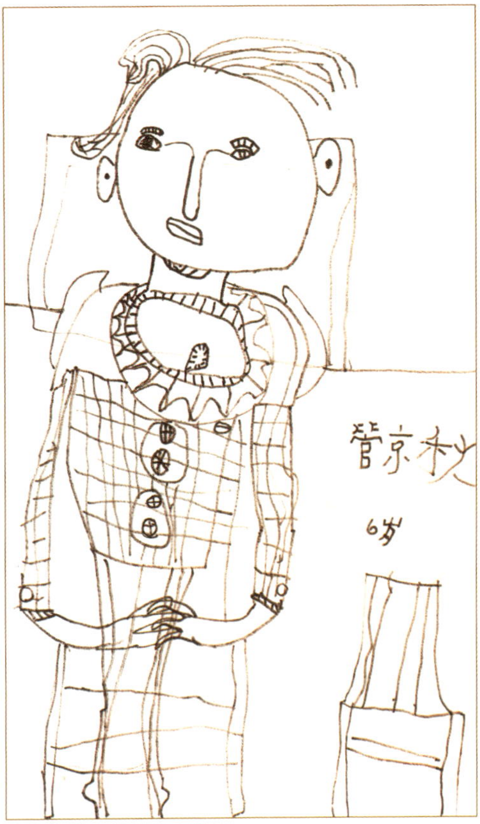

坐着的妈妈　管京秋　6岁

《坐着的妈妈》是6岁幼儿的写生作品。这一时期儿童一般能依据视觉感受表现形象，画坐着的人不再是符号化形象，表现人物体态、形象自然生动。画面五官造型别具一格，线条流畅、优美，给人以美感。

一个坐着的人　阮博淳　6岁

从《一个坐着的人》这幅作品中，我们可以看出作者已进入绘画前写实期。作者依据直觉感受，真实具体地表现了人物的特征、服饰特点及动态，虽然形画得有些夸张，但依然给人真实具体的感觉。

侧面人像　虞海　7岁

《侧面人像》是7岁儿童的写生。作者已基本能把握人物面部的结构关系，造型具有个性，用线肯定，拙中带刚，展现了儿童用线的魅力和趣味。

《阿姨》是8岁儿童的写生。作者对形象做了大胆简化，通过勾画外形，生动地表现出写生对象的特征和姿态，彰显了作者敏锐的感受力和表现力。

儿童在不断的写生练习中获得经验，顺利进入绘画的写实期。

《老师的画像》是9岁儿童的写生画。作者勾画的人物特征基本准确，形象生动，线的疏密组织较为完整得当。

阿姨　李尚云　8岁

老师的画像　9岁

《老人》是10岁儿童的写生作品。从画面中可以看出作者已具备较好的写实能力。人物面部形象结构明确，线描组织严谨，人物神态也生动，体现了儿童视觉思维能力的发展水平。

我们从儿童画人物技能的发展观察发现，儿童随心智的发展逐步提高写实能力，是大多数儿童艺术发展的一种趋势。

老人　李晓航 10岁

2. 动物速写能力的发展

动物题材是儿童喜欢画的内容，因为动物特征明显，儿童更容易把握。然而，画活动中的动物比静态动物更难，需要儿童在写生时静心观察，发现其形状特征和动态规律，简化细节，抓取动态。

《鸵鸟妈妈》是4岁半幼儿记忆中的形象，他们只凭印象和想象进行表现。画中的鸵鸟低下头好像在给幼鸟喂食，圆形的身体和圆形的头，以及鸵鸟的腿和尾羽、身体上花纹样的羽毛，都体现了象征期儿童的符号化绘画特点。

鸵鸟妈妈　赵怡然　4岁半

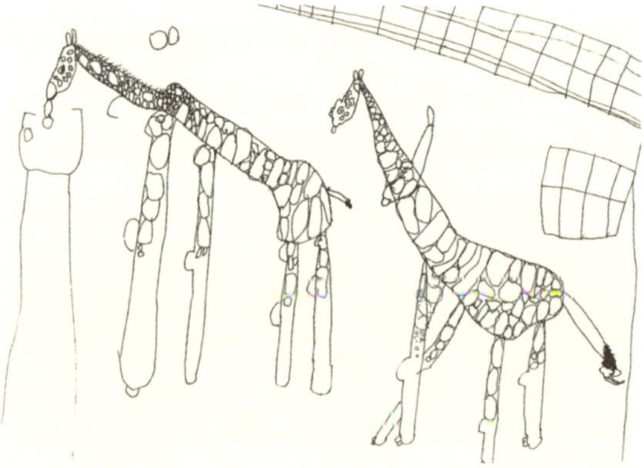

长颈鹿　郝千玉　5岁

《长颈鹿》是5岁儿童的写生画。儿童去动物园写生，一般都需要选比较安静、动作缓慢些的大动物作为写生对象，锻炼儿童静心观察、捕捉形象特征的能力。这幅画中的动物形象是作者经观察后靠记忆表现的，特别是腿部，是用符号表现的，较为概念，也有些死板。

斑马　佚名　6岁

《斑马》是6岁儿童的写生，所画的形象较前一幅更为完整、具体，但动态仍比较单调，缺少变化。

《鸵鸟》这幅6岁儿童的写生不仅抓住了鸵鸟的体态特征，而且生动地表现了写生对象的各种动态，反映出作者具有敏锐的观察力，并且掌握了根据动物动态规律进行表现的方法。

鸵鸟　张雨初　6岁

《骆驼》是7岁儿童的写生画。作者不仅较真实地画出了对象的外形特征，同时在重要部分还添画了生长的鬃毛、腿关节、脚趾、粪便等细节，表现了儿童关注细节的情趣。

《各种各样的动物》是8岁儿童的写生。画面真实生动地画出了动物休息时卧在地上的样子，表现出作者已具备初步的写实能力。儿童通过视觉思维的简化、加工，选择典型细节加以刻画，有了艺术表现的动机和能力。

骆驼　王天骄　7岁

各种各样的动物　刘聪聪　8岁

《长颈鹿》是9岁儿童的写生，表现了长颈鹿活动时身体结构的变化以及它优美的形象特征。作品用线大胆、自然流畅，显示了作者敏锐捕捉对象的写实能力。

《鸵鸟》是11岁儿童的组合创作写生。作者将观察到的鸵鸟及生活环境组合成画面，表现它们有的散步、有的觅食、有的在树荫下栖息，营造出动物安宁、舒适的生活状态。

长颈鹿　韩朝　9岁

鸵鸟　严继琛　11岁

3. 画面空间表现能力的发展

儿童画面空间创造的表现形式，体现了儿童该阶段思维发展的状态。我们观察儿童画，不能脱离他们的心理发展特点，过早要求写实，也不应用成人的审美形式约束他们的自然发展。尽管艺术的多元发展使儿童艺术有了多元发展的空间，但从儿童艺术发展的总趋势研究，儿童绘画依然存在由象征逐步向写实发展的轨迹。

《台阶》是3岁4个月幼儿的创作，显示出这个时期的幼儿对画面空间的认知水平很有限，不能建立垂直定向观念。常常在作画时随意转动画面，从任意方向添画景物、人物。这幅画的画面中间有条曲折形的台阶，画面四周围绕着公路，上面有红绿灯、汽车和树木，中间的人物像漂浮在空中，形成一幅有趣的画面。

我们在上课　王楷钧　5岁

《我们在上课》是5岁幼儿的作品。画面表现侧面坐着的老师正在给小朋友上课，桌子两边的孩子采用了折式构图安排。这种画面受儿童“自我中心”的心理影响，当他们还不能理解人物间的前后遮挡关系时，他们都从自己的正面去看两侧的人物，使画面产生上下颠倒的两个天空。这种表现形式在原始岩画中常有发现。

台阶　丰名扬　3岁4个月

《坐火车》是5岁幼儿的想象画。作者采用多条地平线的方式来表现空间关系：火车下的铁轨用俯视方法展示上面排列的枕木，铁轨上的火车有多节车厢，每节车厢上站着一个人，画面近处有3个面向观众站立的人，重复的形象排列体现了儿童图式化的表现特点，画面具有秩序美感。

《假日》是6岁儿童的日记画。一般儿童到6岁已基本具备了组织完整画面的能力，他们会根据想象去创造各种形式的画面空间。这幅画采用了平视与俯视混合表现景物的方法，地面上的房屋、车辆和树木从平视角度画，水面、公路以及水中游泳的人，采用俯视角度表现。这种方法便于作者清晰明确地展现所要表现的内容。

坐火车　张润民　5岁

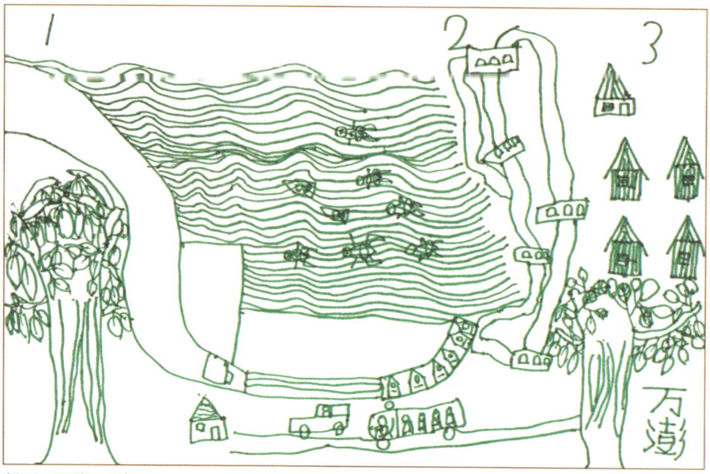

假日　万澎　6岁

《乘公交车》是6岁儿童的创作画。儿童通过绘画表现内心世界的真实，通过想象，创造透明画法展现车内的景象。这幅画还有趣地表现了路边的树与车的关系，近处路边的大树只画出树的下半部，上半部似乎被藏到了车的后面，从画面整体空间关系看，车似乎飘在了空中。

乘公交车　鲁天舒　6岁

《缆车》是8岁儿童的创作。画面通过缆车与群山间的比例与遮挡关系，较真实地展现了游览胜地陡峭的山峰无法攀爬，人们只能乘坐缆车在山间观光的场景。画面以仰视的角度构图，画出了缆车悬在高空上在山间穿行的惊险场面。

缆车　钟佳仪　8岁

立交桥　张慕山　9岁

《立交桥》是9岁儿童的创作。城市中立交桥层层叠叠，构成交通的大动脉。作者通过不同的视角表现了三层桥面上行驶的各种车辆，画面真实具体，显示出作者对空间的理解力和组织画面的能力。

《企鹅的生活》是10岁儿童的命题创作画。作者设计了一座拟人化的大型飞机场，企鹅们过着人类一般的现代化生活。作者透过画面近处的机头和上下飞机的旅客，一层层将景物推远。画面中间行驶着许多车辆，有的在运送行李，有的载客到停机坪，远处还有等待起飞的飞机，呈现出一个开阔的机场空间，表现了机场的繁忙景象。

企鹅的生活　杜启涵　10岁

二、儿童原创艺术技法创新能力观察

儿童艺术是心灵个性的释放，他们作画随心所欲，没有什么定规，只要给儿童自由发挥的空间，他们会创造出各种不同的方法来表现感受。

（一）女儿黄欢童年的写生画观察

黄欢4岁时，我无意间发现她能靠自己观察勾画实物的形，于是就利用各种机会鼓励她画速写，她画写生时精神十分专注，靠感觉表现对象，从不要求为她示范技法。

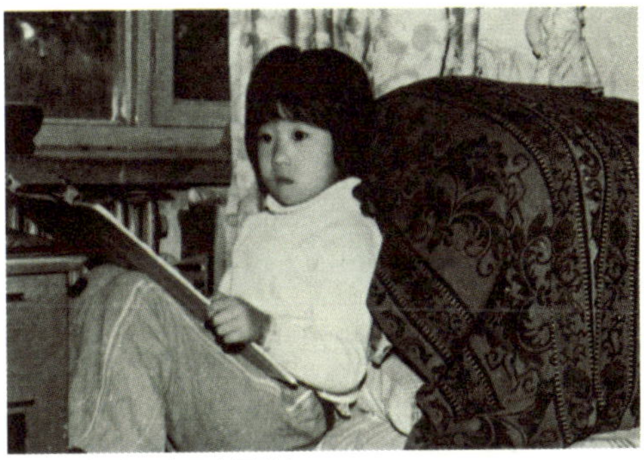
黄欢幼年时画速写（摄影）

《做衣服》是黄欢5岁时初画人物写生时的作品，用线比较吃力拙朴。她画好头部后先画两只手，可能这样入手更方便表现动态的重点，然后再画人体和机器。

做衣服　黄欢　5岁

《郁葱姐姐》这幅速写是黄欢8岁时，去庐山采风时画的。她边打开画夹边观察对象，然后很自信地说："这回我要从姐姐的头发门帘开始画。"她用线从额头前的碎发着手，勾画脸形，再沿外形画发型，从头向下发展，十分顺畅。

郁葱姐姐　黄欢　8岁

妈妈在画画　黄欢　7岁

《想心事》是黄欢7岁时的作品。有一次我躺在床上休息，对黄欢说：“我摆个大动态看你能不能画下来。”她看了看说：“这回我要从脚和屁股开始画。”我说：“太对啦！”于是她很快把人体动态的透视关系表现了出来。这件事使我确信，儿童可以不经过理性指导，通过直觉自行找到解决问题的方法，也能感知透视现象进行表现。《妈妈在画画》《阿姨》这两幅速写，都将人物的透视感觉很好地画了出来。

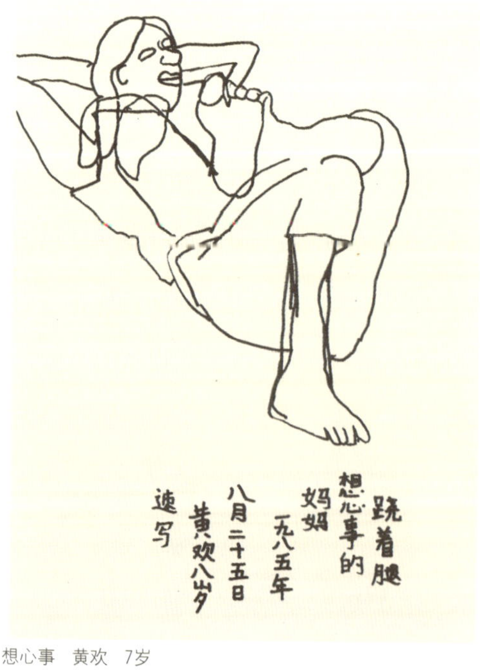

想心事　黄欢　7岁

阿姨　黄欢　6岁

《和蔼的姚老师》是黄欢8岁时的写生。家里来了个女老师，黄欢趁机搬个小凳子坐在一边画速写，由于老师坐在窗前的逆光处，面部形象不是很清楚，于是欢欢就画了这幅没下巴没瞳孔的人像。我问她为什么这么表现？她说：“姚老师长得胖，脸和脖子连起来，看不见下巴，眼睛里也看不清，所以只画了看到的形象。”这幅简化了的形是根据感觉创造的，并没有主观臆造或添加形象。

和蔼的姚老师　黄欢　8岁

《妈妈》是欢欢5岁半时画的。有一天我生病后洗完头发，坐在沙发上休息，欢欢兴奋地说：“妈妈真好看！”主动拿起画板画了起来，线条运用自然流畅，一气呵成。可见儿童画速写前必须有画的兴致，这样才容易画出感觉来。

妈妈　黄欢　5岁半

爸爸在看报　黄欢　8岁

《爸爸在看报》是欢欢9岁时画的。这一时期她已能自由处理画面布局，轻松自如地用线勾画感觉到的形象特征和动态。这幅写生我比较喜欢那只磕烟灰的手。她画速写并不照搬对象的具体细节，而是用能表现感觉的线去画。

北极熊　黄欢　8岁

《北极熊》这幅去动物园画的速写，是欢欢8岁时画的。当时几只北极熊在熊山上不停地走动，我告诉欢欢不要着急，先看熊的外形特点，然后只勾外形抓住动态就可以了。这幅速写画得比较生动。

145岁的银杏树　黄欢　8岁

给妈妈的生日礼物　黄欢　9岁

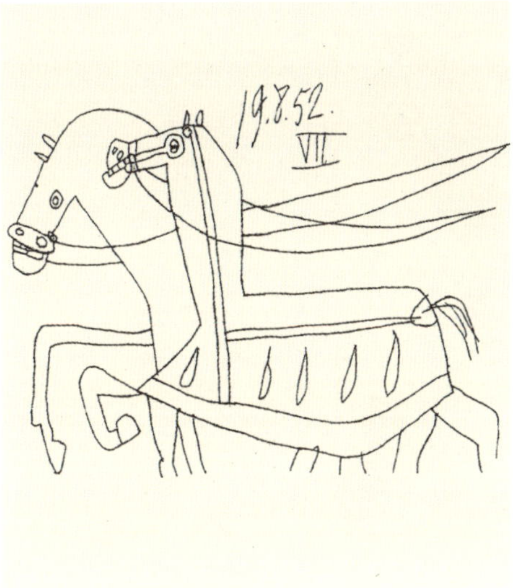

马　黄欢临摹的毕加索作品

苗女　黄欢临摹的蒲国昌作品

《145岁的银杏树》这幅庐山风景是欢欢8岁时画的。那次我和欢欢一块在三宝树景区画速写，她以银杏树为主题，以树下人物作对比，展现了古树的雄伟风貌。回京后，《中国日报》还为我们登了专刊，大家都认为欢欢这幅画画得好。

欢欢童年画了许多速写，有的画挺令我惊奇，这可能与她儿时受自己喜爱的艺术作品的熏陶有关。欢欢6岁时，有天中午放学回来，看到床上放着一本毕加索的画册，说："您怎么不早点给我看哪？"她顾不上吃午饭，裁了许多小纸趴在床上临摹起来。还有一次，云南画家蒲国昌先生在我院办个展，我带欢欢去看。当时她很兴奋，拿了速写本趴在展柜上就临摹起来。这些大师的艺术语言形式，潜移默化地影响了她，使她感悟到了其中的艺术之美。

（二）教学案例中儿童绘画表现技法观察

1. 芹菜写生（5~6岁幼儿）

教学要求：在每个小朋友面前放几棵芹菜，教师讲解有关芹菜的知识，启发儿童进行观察写生。写生工具不限。

从三位5岁儿童的作品中，我们看到了他们各自展示的不同画法。有的用象征符号表现两棵长在地上的芹菜，粗大的茎上长了许多多角形叶片，并用点和线进行了装饰。有的作品表现了两棵放在桌面上的芹菜，作者根据看到的实物进行了形的归纳，粗壮的茎上有茎脉，在几条茎之间还生出多角形叶片，画面具有一定的装饰性。

芹菜　杨德华　5岁

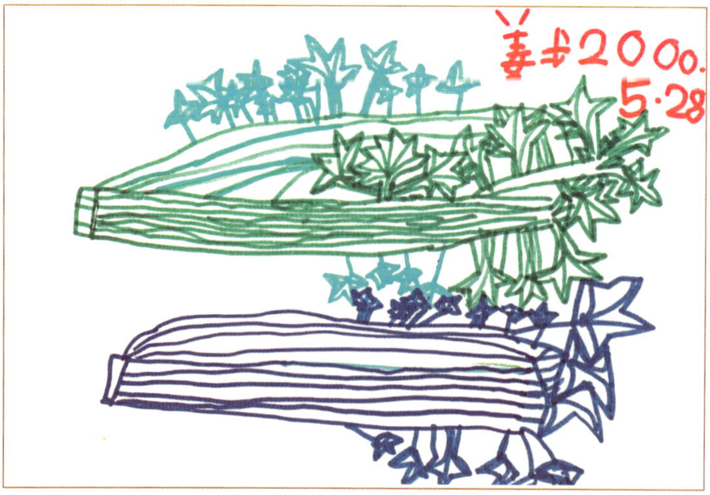

芹菜　姜戈　5岁

芹菜　方舟　5岁

还有位小朋友用绿色平涂的方法画了三棵不同的芹菜，使画面产生了版画的趣味。

在6岁幼儿的写生作品中可以看出前一幅作品较为概念化，是根据记忆创作的画，后一幅作品是依据视觉感受创作的，较真实、具体地表现了芹菜的特征。

根据以上作业分析，不难发现，虽然幼儿在写生能力方面的个体发展有一定差异，但从观察感受后构成的画面效果看，他们的作品都表现出了不同的特点和美感，说明教师在教学中不应仅用一种表现方法引导或限制儿童的自由发挥，而要因势利导，帮助他们发展画面。

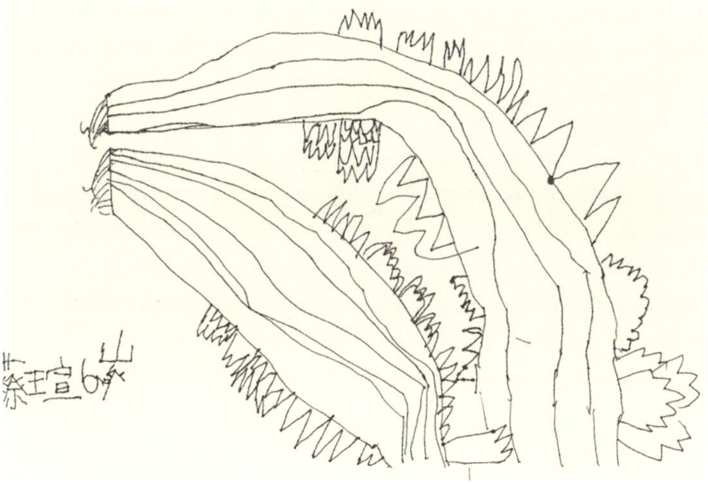

芹菜　蔡瑄　6岁

芹菜　沈甘尘　6岁

赛龙舟　宋雨轩　5岁

2. 赛龙舟（5~6岁）

教学要求：组织幼儿观看端午节赛龙舟的视频录像，感受各队选手竞赛时的热烈气氛，观察记忆龙舟的造型特点、赛手握桨划舟的动作等细节，请小朋友凭记忆画出龙舟乘风破浪的情形。

从孩子们创作的作品中我们发现，只要不具体规范画面的构图方法，儿童会呈现出各种不同的画面形式。

一般孩子们会在画面中间画一只较长的龙舟，舟下方画水浪。由于船与水之间有空间，使龙舟看起来有腾空飞跃的感觉。

赛龙舟　侯伯文　5岁

赛龙舟　伍与同　5岁

赛龙舟　魏馨桐　5岁

有的孩子将龙舟安排在画面偏上的位置，在船下留出较宽阔的水面，再通过画面布局给人造成场面辽阔的感觉，加上舟中俯身奋力划桨的赛手，便营造出了争先恐后的比赛气氛。

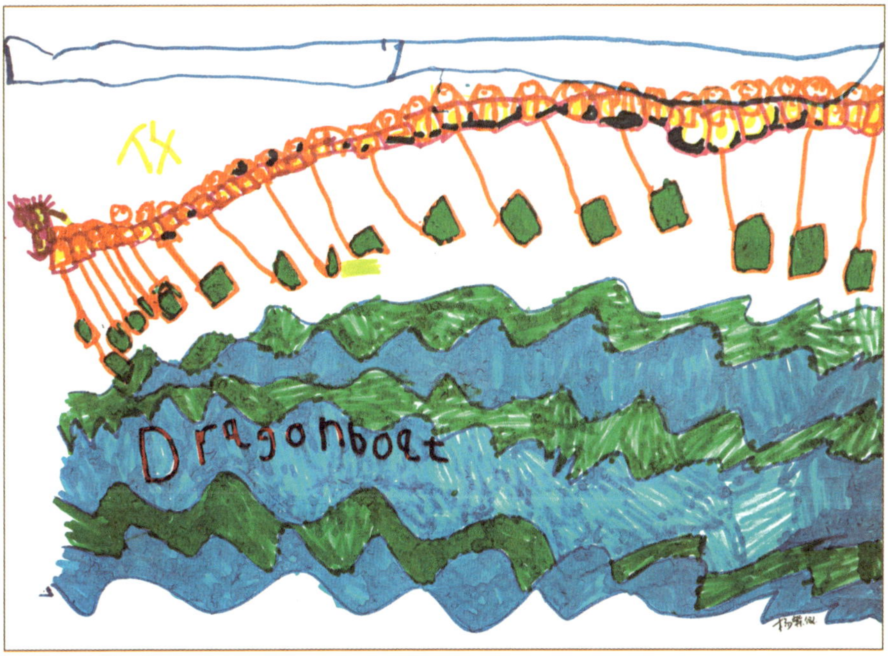

赛龙舟　杨紫仪　5岁

当孩子们将龙舟画在画面偏下的位置时，天空便显得格外开阔，观者似从近处看龙舟，能将舟中赛手划桨的形象表现得更真实具体。

有些孩子将龙舟画得比较短，从而产生由远及近的透视感，在一片广阔的天空和湖面上，营造出另一种美感，使龙头及舟中的人物都呈现出儿童的稚趣。

赛龙舟　潘厚儒　5岁

赛龙舟　韩明潇　6岁

赛龙舟　佚名

有些作品突出表现两只昂首抬头的巨大龙舟，像两条巨龙冲进画面，龙体则显得偏短，水没过前面的龙舟，有巨龙浮在水面的感觉，较真实地画出了两舟竞赛的情形。

可见，儿童的画面构图并不是预设的，而是与他们起手画主体物龙舟的位置有关。教师在教学中如果过分规定画面的构图位置，会束缚儿童创造性的美感表现，也会使儿童感到困惑而不敢下笔。

赛龙舟　杨公仆　6岁

第二节 儿童原创艺术发展的差异

我们经过多年观察发现，儿童原创艺术发展存在极不平衡的现象，其原因不单纯是由于儿童个体心智发展的差异所致，更多的是受后天环境的影响，特别是在不同教育观念的影响下，儿童的创造能力受到压抑所造成的。

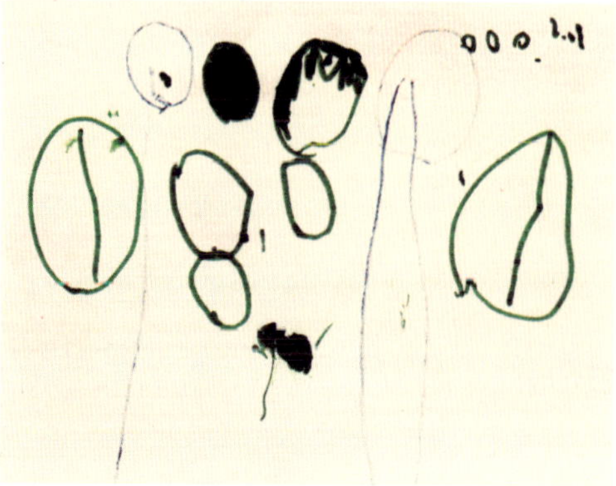

命名涂鸦　毛菁菁　4岁半

一、同龄儿童艺术发展的差异

（一）4岁儿童间的差异

我们通过调查研究发现，这阶段儿童的绘画能力可分为4种类型表现。

1. 涂鸦期绘画

4岁儿童是形象知觉的敏感期，一般儿童都能创造象征符号来表现感受。然而，现实中依然有部分儿童处于绘画的涂鸦期状态，他们要么就胡乱涂抹，要么就说“我不会”，表现出对绘画毫无兴趣的状态。

2. 象征期绘画

这个年龄一般儿童都能创造象征符号表现物象。

“生长的植物”的课题重点是通过观察了解植物的有关知识，练习用线表现植物的茎和叶子的排列。这位小朋友因为是初次画画，所以虽然4岁了，用线依然胆怯，拿笔不稳，线条很细弱。

“我和爸爸妈妈”这个课题的目的是考查儿童认知能力的发展水平。这个孩子画了三个不同大小的蝌蚪人，高大的是爸爸，其次是妈妈，最小的是自己。从画面中可以看出他已知道人物有大小、高矮的区别，但还不能画出人的性别特征。

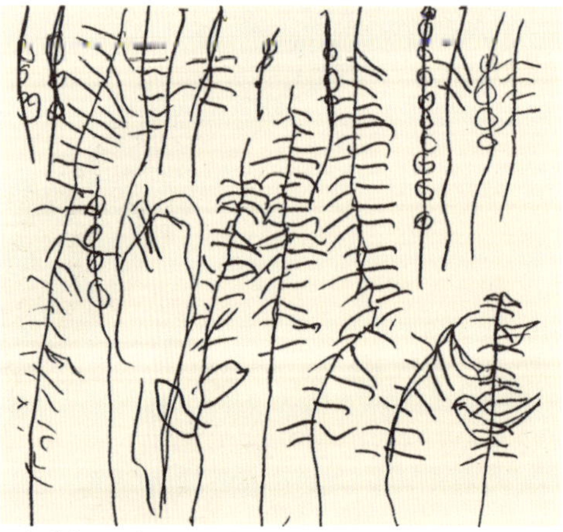

生长的植物　李思维　4岁

我和爸爸妈妈　王逸轩　4岁

3. 图式期绘画

儿童能创造图像表现生活及对生活的认知，体现出潜能得到了很好的开发。

《狮尾狒》通过观看视频资料了解动物的形象特征和习性，然后凭记忆绘画。小作者生动地表现了母狒狒背上驮着小狒狒的可爱画面，造型特点简洁明确，纯真优美。

狮尾狒　周语冉　4岁

《斑马》则表现了一大一小两只斑马。它们是母子，大斑马回头注视着孩子，小斑马低头吃草。画面气氛恬静安详，造型大胆，构图主体明确。

斑马　谷雯霏　4岁

我的老师　肖以诺　4岁

《我的老师》具体形象地画出了男老师的特点：留短发，脸上有明显的胡子茬，穿的牛仔裤上有破洞。同时作者将人物的手脚及身后的课桌和人物都用象征符号进行了表现。

4. 前写实期绘画

有些儿童则表现出了前写实期的观察力，能根据感知表现意象，所创造的图象体现出真实的感觉。

画《一盆花》时，老师在讲台上摆放了一大盆花，我坐在这个4岁男孩儿旁边看他画。他跑到花前指着其中一朵花说：“它是向左开的，那朵向右开。”回来画好后他又跑过去指着后面一朵花说：“它被挡在后边了，花芯是向上的。”并且抬头向上指着自己的鼻子来形容。我被他这种方向感的发展惊呆了，他已能通过观察实物进行绘画表现了，这在4岁儿童中是不多见的。

一盆花　王珏　4岁

儿童在某一阶段的绘画能力，并不决定他未来能力的发展，也不能认为他的心智发展慢。李思维小朋友4岁初学绘画的时候，能力比较弱，但她5岁以后绘画能力却发展很快。艺术在儿童的早期教育中十分重要，教师和家长要善于鼓励并培养他们的兴趣，增强他们的自信心，而且还要持之以恒，才能取得可期甚至是意想不到的成果。

李思维写生照

《东交民巷钟楼》这幅写生作品是作者用了近4个小时完成的。这不仅提高了她的绘画兴趣和能力，同时培养了她的专注力和做事认真、踏实的品质。

东交民巷钟楼　李思维　5岁

（二）六岁儿童间的差异

根据我们观察，这一阶段儿童的绘画能力大约也可以分为四类。

1. 象征期绘画

这一时期有的儿童只能用象征符号表现形象，显然能力开发晚了些。

《校园里的树》是6岁小朋友的作品，这是他第一次画风景写生。我在一旁帮助他先观察不同树的形状，然后他用几何形画了三种树：柏树的球形树冠，杨树的圆形树冠，柳条上一串串的树叶，并且画了条地平线，表示地面的分界。这幅画造型虽然简单幼稚，但可以看出他具有一定的感知能力。

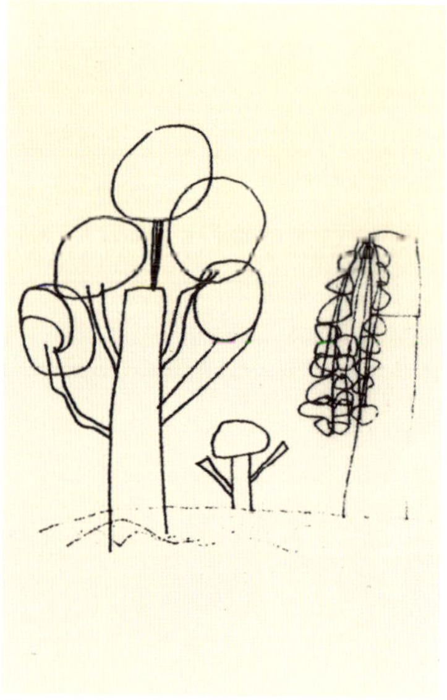
校园里的树　王小明　6岁

《玩耍的孩子》中画面人物用抽象符号画了三个孩子的不同动态：左边一位蹲着，中间一位站立，右边一位迈开腿走路。上面的横线表示云，下面的点状表示土，从而用这些简化了的符号传达了作者要说的内容。

玩耍的孩子　小义　6岁

2. 图式期绘画

这个年龄段有些孩子能创造图形来表现生活感受。

《我的假日生活》这幅画表现了家庭假日出游中的趣事：一辆汽车拖着个平板拖车，上面坐着就餐的人。汽车前行时冒着尾气，风筝借助汽车的速度飘上天空，旅游时的惬意油然而生。画面构思巧妙，色调清新，赏心悦目。

我的假日生活　李丛臣　5岁半

吃饭是儿童常表现的题材，这幅《吃饭》的作品画面形式具有一定的典型性。一张摆满饭菜的桌子，三面坐人，桌面用俯视的角度表现上面的物品，桌椅的四条腿用平面画法排列成一行，显示了儿童特有的图式绘画特点。

吃饭　王佳艺　6岁

钟楼　杨洋　6岁

3　前写实期绘画

有些儿童能依据观察和记忆表现自己感知到的物象特征，已具备了一定的写实能力。

《钟楼》这幅色彩写生，虽然构图较为简单，但房屋侧边的树却巧妙地打破了建筑物呆板的格局，用各种灰性色画出了建筑的色彩感觉，使画面色彩丰富而有变化。这种色彩表现力在儿童绘画中并不多见。

《一篮蔬菜和大蒜》这幅画是作者直接用毛笔勾画在高丽纸上的写生，构图大胆、均衡且完整，用线泼辣，一气呵成，蒜的造型虽有些简单，但总体效果不失真实、具体。

一篮蔬菜和大蒜　王湘玥　6岁

《坐着的家长们》这组人物写生虽然有些夸张变形，但人物的形象特征表现得整体而生动，用线肯定、简炼，体现了作者敏锐的感知能力和形象概括能力。

坐着的家长们　李颖涵　6岁

4. 写实期绘画

有些儿童已能依靠观察，具体真实地表现写生对象了。

《打牌》的作者真实地表现了人物之间的空间距离，人物组合关系安排恰当，形象刻画真实、细致，用线肯定、明确，画面构图完整。

打牌　百科　六岁

《颐和园佛香阁》是作者6岁半时第二次重画原景，较前一幅写生在建筑结构、透视、景物间的比例、空间各方面更加准确，且具体表现了建筑浮雕和许多装饰细节，突出显示了作者超常的写实能力。

《菊花》是作者6岁时的写生。作品生动地表现了菊花的形态、结构以及花叶间的各种姿态和遮挡关系，显示了作者敏锐的感知力和用线组织画面的能力。

颐和园佛香阁　李希林　6岁半

菊花　付乔荻　6岁

（三）8岁儿童间的差异

根据我们观察，在这一年龄段中儿童的绘画能力虽然普遍有所提升，但仍存在差异，具体可以分为四种类型。

1. 象征期绘画

有的儿童绘画能力发展较晚，仅能用简单符号表现印象中的物象。

《一篮蔬菜》用象征符号所画的是一个篮筐，内有白菜、大葱、藕、西红柿，筐子外还有大葱和许多辣椒。这个孩子由于是初画写生，尚不能根据看到的实物去画，完全是凭印象创造符号进行表现的。

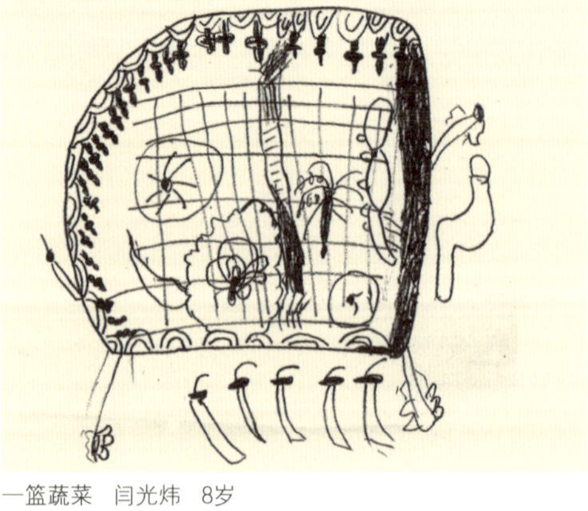

一篮蔬菜　闫光炜　8岁

2. 图式期绘画

这个年龄段也有些儿童仍然习惯凭记忆创造图形来表现物象。这种情形比较普遍，应视为正常现象。

《鳄鱼一家》这幅画突出表现了作者在造型和构图上的特点，是一幅很可爱的儿童画。由于他所创作的形象比较简单，平面化的造型有些雷同，是图式期绘画的特点。

鳄鱼一家　陈可萌　8岁

《热气球》是8岁儿童的图式化作品，画面在构图和完整性方面都做得比较好，但造型仍显简单，概念化特点明显。当儿童凭记忆作画时，大多会出现这种情况。这幅画表现热气球在山中飘荡升空的情景，虽然注意了热气球和人物的变化，但画面形式有些呆板。

热气球　赵星涵　8岁

3.前写实期绘画

这个阶段有些儿童能较真实、具体地安排画面空间和形象。

《森林小屋》这幅画是根据参考资料创作的。作者通过画面构图和色调，营造出优美而又幽静的环境，让人不禁联想到住在树上的惬意生活。

《看电视》这幅作品人物造型虽然有些夸张，但很有张力，具有形式美感。作者有选择地处理形象，用不同疏密的线，组成具有个性美的画面。

森林小屋　胡轩恺　8岁

看电视　韩亦沫　8岁

《舞龙》的作者通过对图片资料的加工取舍，表现了舞龙表演的宏大场景和气势。作品造型生动，主题鲜明，黑白对比爽朗明快。

舞龙　陈怡然　8岁

4.　写实期绘画

这一时期，有些儿童已能根据观察和体验，创造性地表现主观感受和美感，能较真实地表现物象特征和空间关系。

《港湾》这幅写生于青岛海港的色彩画，以作者的主观感受，表现了船在逆光中的色彩变化，从俯视的角度刻画了停泊在港湾中的两条船靠近岸边时的情景。

港湾　毕冉　8岁半

《湘西苗王寨》是我20多年前带学生到湘西凤凰县采风时，首次尝试让儿童户外写生的作品。这幅画是在过去土匪盘据的石头寨完成的，村子中到处是石头垒砌的民居，我们头顶太阳，走在泥水加牛粪的石路上，寻找写生地点，每发现一处可画的角落，就现场描述自己的感受，引导儿童自己选择地点，走过几处后我再巡回进行辅导。这幅画经过作者取舍，显得淳朴而生动，画在宣纸上的线呈现出活而涩的趣味。

湘西苗王寨　张墨　8岁

《蔬菜写生》是幅静物组合写生。画面写生物并非由教师摆放，而是由儿童自由摆放构成的。

这幅写生画构图整体而不凌乱，作者能根据个人感觉选择不同的线去表现芹菜、大葱和香菇，画面真实而具体。

蔬菜写生　潘怡冬　8岁

对儿童绘画能力的差异进行分析，说明我们不能简单地通过绘画能力的发展去判断人的心智发展水平，绘画能力只能作为参考。在教育儿童的过程中更要关注那些能力低于其年龄发展水平的孩子，多给他们鼓励和肯定，培养他们的兴趣和自信心。

二、儿童受不同教学观念影响产生的差异

（一）黄欢小学一年级课内外的画

女儿黄欢上小学一年级时，有一次我打开她的图画本，作业成绩基本是优，但画的画使我很惊讶。我问她：“这是你画的吗？怎么会这样？”她说：“老师要求这么画，我该听谁的？”我心想：是呀，教材就是圆形画红太阳、方形画手帕、三角形画红领巾，还有画树叶……要求学生把基本形画准确，只能用铅笔橡皮反复修改，再用油画棒涂色，这样的画法不能怪孩子。我只好说：“在学校画画听老师的，在家画画听妈妈的。”当时，我把女儿作为教学改革实验对象，开始探索引导她画速写和记忆画，还时常鼓励她参加一些绘画创作比赛。

叶子　黄欢　6岁

《队日》这幅画的创作构思来源于她的学校生活体验。记得有一天她放学回家，兴冲冲地对我说：“妈妈，今天我们过队日学雷锋做好事，老师叫高年级同学去打扫室外卫生，一年级同学做教室卫生。”我说：“好呀，你能不能以队日活动作为主题画张记忆画？画面表现室外环境可能更有意思。”于是她拿出画笔蹲在画板前，不一会就画好了。树林里有许多小朋友在打扫落叶，树林中间还有个用书包堆在一起插着的队旗，十分有趣。这幅画寄到《中国儿童》杂志，获得了绘画比赛一等奖。

队日　黄欢　6岁

女儿画《妈妈在画画》这幅画时，正上小学，那时我家住房面积小，只有一居室，所以我常把画板立在墙上跪在床上画画。有一天，女儿放学回来，看到窗前逆光中的我，兴奋地说：“妈妈，我想画你！”我说：“好呀。”马上给她准备了张4开大小的高丽纸和彩色水笔，她一挥而就，画得很畅快，构图也完整。我考虑画逆光太难，就把窗帘拉上作为人物背景，给她些水粉颜料，告诉她画面积大的画可以用水粉色简单渲染。只需给些点拨，女儿就会独立去画，从不依赖大人教，作画非常大胆。

妈妈在画画　黄欢　7岁

一个一年级的孩子，在学校和在家里画画判若两人。可见，孩子绘画能力的发展，教育起决定作用。从此，我更注意收集有关这方面的对比信息。从所收到的资料中我发现，这是一个普遍存在的现象，我深刻地认识到教育改革的紧迫性。

学校旧教材沿用的是技能教育的传统，画一片叶子看起来简单，对孩子来说要画准确却不容易，也枯糙乏味。这种教学方法脱离儿童心理发展特征，也不能反映儿童的个人生活体验。

（二）李晓非幼儿园内外的画

与我同在首都师范大学工作的著名德育教授李燕杰先生，对我的工作给予了很大的支持，他的孙子李晓非是个非常聪明爱画画的孩子。有一次，晓非妈妈拿来许多他4岁时的生活记忆画，我看后十分兴奋。这些作品造型生动，很好地展现了孩子阳光、快乐的精神面貌，以及良好的观察力、记忆力和感知力。

一张好画打动人的是情感。这幅《妈妈骑车送我去幼儿园》将母子二人的精神面貌表现得很精彩：妈妈很漂亮，骑车的姿势很帅气，作者坐在妈妈身后，十分快乐、得意。

妈妈骑车送我去幼儿园　李晓非　4岁

作者发现随着季节的变化，人们的着装也变化了。在《冬天人们穿着厚衣服》这幅作品中，作者把穿厚衣服挡风寒的感觉画出来了。

冬天人们穿着厚衣服　李晓非　4岁

下矿井的工人叔叔　李晓非　4岁

坐马车　李晓非　4岁

长颈鹿　李晓非　5岁

坐龙船　李晓非　4岁

作者从电视节目中了解到，采煤的工人下到井下坑道时，需要乘坐铁笼传送下去，于是用图画记下了这个瞬间，完成了《下矿井的工人叔叔》这幅画。

《坐马车》《坐龙船》这两幅画记录了晓非同父母去游乐场玩的情形。两幅画中都有一张小床，他躺在父母中间，表现了被关爱的安全感。

《长颈鹿》是晓非5岁到动物园第一次观察实物的写生。他依靠直觉将动物的形态特征、身体比例、结构都较准确地表现出来了。

《幼儿园联欢会》这幅画表现了作者对空间的感知和认知能力。画面中人物间有垂直定向方位，表现了人的前后关系；人物中有大小比例差异，男老师高大，坐在前面的女老师则稍矮小些。

《节日》是晓非5岁在幼儿园的图画作业，人物形象是依据老师的范画临摹的。

幼儿园联欢会　李晓非　4岁

节日　李晓非　5岁

如今，虽然李晓非并没有选择美术专业发展，但他已是美国乔治亚大学国际贸易经济管理学的博士。我相信童年时他对美术的喜爱和学习，在他的一生中一定受益不浅。

幼儿期是绘画创作最旺盛的时期，孩子们会随时随地从生活感受中取材进行绘画创作。幼儿园用临摹的方法教简笔画、卡通画，容易使儿童自发的激情和创造力受到压抑，造成画面形象呆板无生气的结果。

（三）邻居刘雪飞幼儿园内外的画

我的邻居刘雪飞同样是个聪明且爱画画的孩子，他的父母从事翻译工作，家里无人教他画画。有次飞飞妈拿来他五六岁时画的记忆画，让我如获至宝。

《妈妈在做饭》中，作者凭记忆画了厨房里的各种炊具：液化煤气灶、冒热气的压力锅、烧水壶、水槽，以及窗口旁架子上的调料瓶。画面上厨房里为什么会有两个煤气灶呢？因为当时不同人家都住在一个单元房里，共用厕所和厨房，所以另一个灶台是邻居家的。透过厨房门外，还可以看到卫生间。画面虽然使用的是象征性图式，但各类物品形象一目了然。

妈妈在做饭　刘雪飞　5岁

我家路边有一片树林，园林工人会定期来给树浇水。飞飞对这件事很感兴趣，观察得很仔细。在《给树浇水》中，他将打开井盖接上水源的情形画得很清楚。画面采用高视点构图，使所表现的内容突出而自然。

给树浇水　刘雪飞　5岁

《大街上》是飞飞6岁时的生活记忆画。画面空间安排得有条不紊，公路两边有绿化带，马路上有行人斑马线，路口有红绿灯和值勤的交通警察，辅路上有骑车的人，远处有一列火车驶过……

大街上　刘雪飞　6岁

我家门前　刘雪飞　6岁

小鹿　刘雪飞　6岁

《我家门前》这幅画让我想起了20多年前曾经居住过的地方，仿佛一切都重现在眼前。楼前那片供邻里休息聊天的石桌、花坛，楼区里来往的各种车辆和行人，相邻楼上人们互相打着招呼，远处还有新建楼房的工地……这幅画使我感到真实而又亲切。

《小鹿》是飞飞6岁时在幼儿园的图画作业。我们从这张画上，看不出孩子对画画有多么高的兴致，也看不出他有什么才能。

由此可见，美术课的技能教育看似让儿童掌握一门技能，而实际却是在压抑儿童的天性，压抑他身心发展中所需要的情感释放，阻碍他们从生活中自主学习的权利，甚至剥夺了儿童在艺术活动中所应得到的快乐。

第三节 儿童原创艺术发展的多种可能

一、关于儿童艺术发展类型的研究

美国美术教育家罗恩菲德在他的著作《创造与心智的成长》中指出，儿童在11至13岁以后，艺术发展存在两种不同类型，即“视觉型”和“触觉型”，当然也有兼有两种类型的孩子。

罗恩菲德认为“视觉型”儿童创作的媒介主要是眼睛，他们能发现物象空间的视觉变化，如物象在三度空间中因透视现象产生近大远小的变化，对物象的立体深度、光线、阴影的发现等。具有这种能力的人处于写实绘画发展期类型。

“触觉型”儿童的艺术创作媒介则与他们身体的感受及感情涉及的主观经验有关。他们不善于用知觉观察，不能注意视觉印象。根据测验显示，4人中就有1人依赖主观反应——触觉和运动感，而不是视觉。

根据这一论断，我在近半个世纪中观察了近万名儿童的艺术发展，发现儿童艺术的发展的确存在不同类型，这种现象从幼儿期就有显现。我曾试图寻找“触觉型”的典型案例，也曾把一些10岁前艺术表现偏于主观，有独创性的孩子归为“触觉型”，但他们发展到11岁以后，视觉写实能力同样发展得很好，典型的“触觉型”儿童并未出现。这促使我思考西方专家对儿童艺术发展的分类是否科学合理？是否符合我国的文化传统理念和儿童发展实际？

首先，艺术形式本身就是多样的，而人的艺术发展是动态的、不断变化的，不会固定在某一种艺术类型里。

其二，不同的国家、民族有不同的文化传统。原始东方艺术的基本思维方式和艺术特征是重感性、重表现，主观意象性很突出，中国传统绘画所表现的山水、人物、花鸟受中国哲学、美学思想的影响，提倡通过体验感受生活美，从而进行主观意象性表现，这难道不科学、不“写实”吗？

其三，美国心理学家加德纳在他的多元智能学说中，将美术特长归为“空间智能”，同样，认为只有“视觉型”儿童才具有艺术发展基因的结论恐怕过于局限，与今天艺术多元发展的大环境并不相符。

我在个别儿童中的确发现有空间智力超常发展的孩子。如我在以前的著作中多次提到的李希林小朋友，他自幼喜欢建筑，6岁画的写生画、记忆画，都能凭观察将物体的透视、比例、结构精准地表现出来，《大都市》这幅6岁半时的创作，在北京海淀区的艺术节比赛中竟不被评委承认，其理由是不相信儿童有这种能力。然而我作为他的老师曾亲眼目睹了他的许多写生创作，他的作品证实李希林的确是个超常发展的优秀人才。由于他的才能在一些人的偏见中受到压抑，8岁时他就被母亲强令终止了绘画学习。

大都市　李希林　6岁半

螃蟹写生　李希林　7岁

我设计的铁桥墩 李希林 7岁

雍和宫法轮殿 李希林 7岁半

其四，生活中被国外专家划为“触觉型”的儿童，实际应理解为儿童在9岁以后心理上的叛逆行为。他们为了发泄情绪故意恶作剧，故意画怪异形象，甚至厌恶绘画。这种现象是少年儿童生理发展中阶段性的个别现象，不能作为艺术发展的一种类型。对于那些因为生理障碍而不能通过视觉进行艺术创作的孩子，则应作为例外。

我认为儿童艺术发展应与儿童的性格、兴趣和思维方式密切相关。可以从“理性思维方式”和“感性思维方式”的发展进行划分。这种不同特征从儿童幼儿期就有差别性表现。

擅长理性思维的儿童，他们具有出色的感悟力、理解力、推理能力、思考能力、独立钻研能力，在观察力、记忆力方面表现突出，其性格多表现为有主见、执拗，做事专注，对某件事物有强烈的兴趣，如建筑、机械、装饰等。

擅长感性思维的儿童，具有敏锐的感知力、丰富的情感和想象力，他们性格活泼、好动、开朗，思维活跃，十分聪明，做事随兴而起，在艺术创作方面很有灵气。

在现实生活中也有许多具备两方面发展优势的儿童，他们随着个人心智的成长发展各阶段的特征，由感性思维逐步向理性思维发展，绘画能力也会沿着一条正常轨迹向前发展，他们如果能坚持绘画兴趣的发展，就一定能成才，否则就会转入其它方向发展。

二、儿童不同类型的艺术发展观察

（一）梦想当军械发明家的孩子

偶然间，我在7岁儿童绘画中发现两幅令我惊奇的画，一幅是用细线精准地描绘俯瞰城市道路、建筑和各种公共设施的创作画，另一幅是用线描绘的空中战斗的图画。这两幅画思维缜密，画面组织精准，体现出做事认真、严谨的性格特征。我开始关注这个叫胡富豪的孩子，通过富豪妈妈了解了他的情况，并看到了他幼儿期的图画。

儿童的成长与家庭的教育环境密切相关。胡富豪的父亲在网络公司任总经理，母亲曾任中学教师，他们对儿子的教育十分严格。豪豪就读北京一所重点小学，数学成绩总排名第一，文科也能排前五名，在同学中很有威信，从三年级起一直当班长，曾全票当选少先队大队长，但他却推让掉了，他说：“我当班长就够啦，不要再做大队长啦。”豪豪妈妈说：“这孩子性格可拗了，他喜欢专心做自己喜欢做的事。”豪豪特别喜欢枪，各种型号的枪他都知道而且能画出来。他的理想是当军械设计家，设计航母、火箭炮……

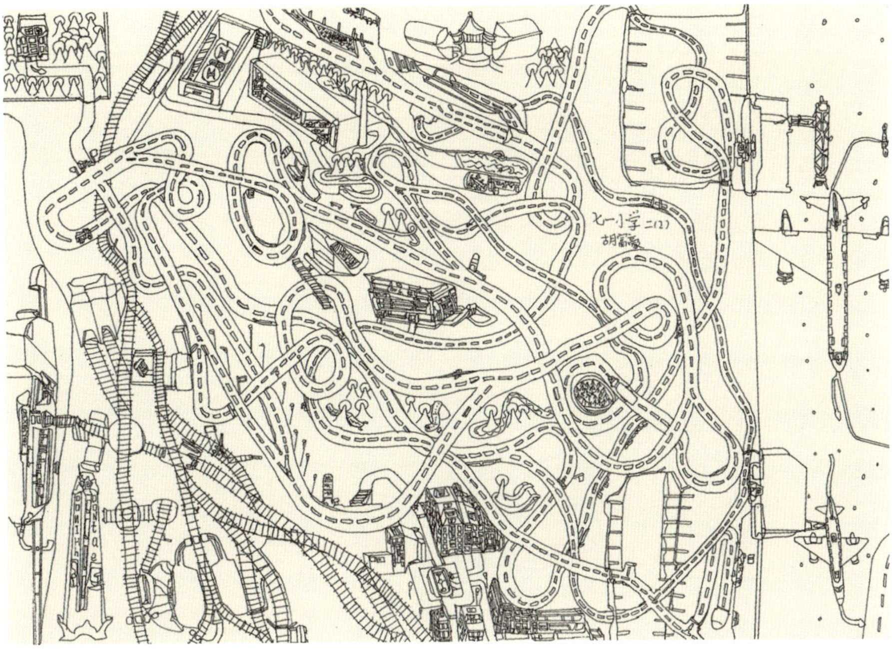

城市交通　胡富豪　7岁

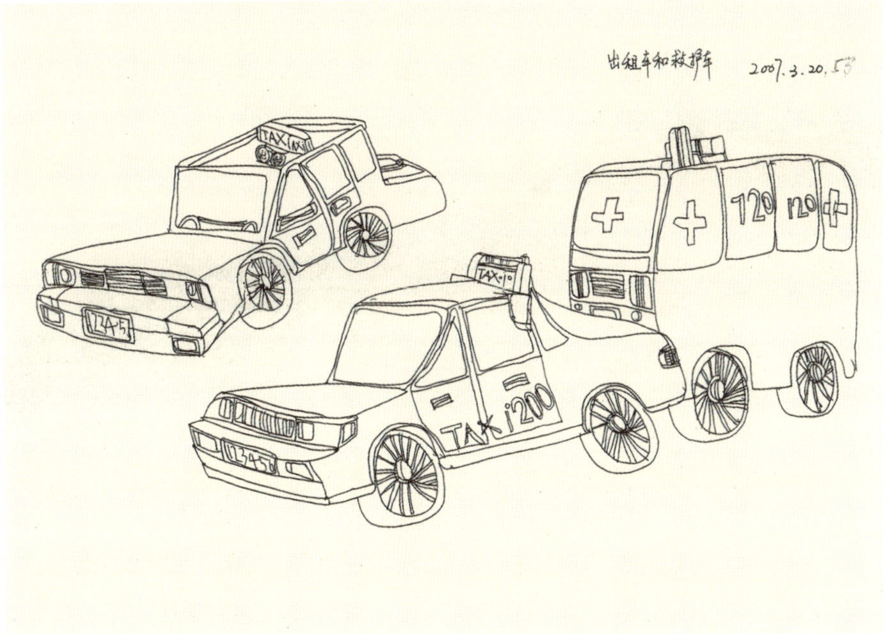

出租车和救护车　胡富豪　5岁

胡富豪5岁时的作品似乎没有一般儿童绘画中常有的稚气和天真。他的记忆力和吸收能力很强，作品《出租车和救护车》表现出车的立体关系，而且能根据车的不同功能，抓住典型特征表现。

《马尔代夫水上屋印象》是作者7岁时旅游后的记忆画。豪豪为了使图画显得工整，常喜欢直接用尺子画。这幅画建筑造型独特，能将这么精致而复杂的建筑结构关系具体、精细地表现出来，而且有条不紊，着实让我惊讶。

《老火车头》是豪豪8岁时的室外写生。作者用线勾画所有的机械零件，从一个局部开始，逐渐发展画面，火车的构造表现得整体而不杂乱。这种写实能力体现了作者的感知力、空间理解力的超常发展。

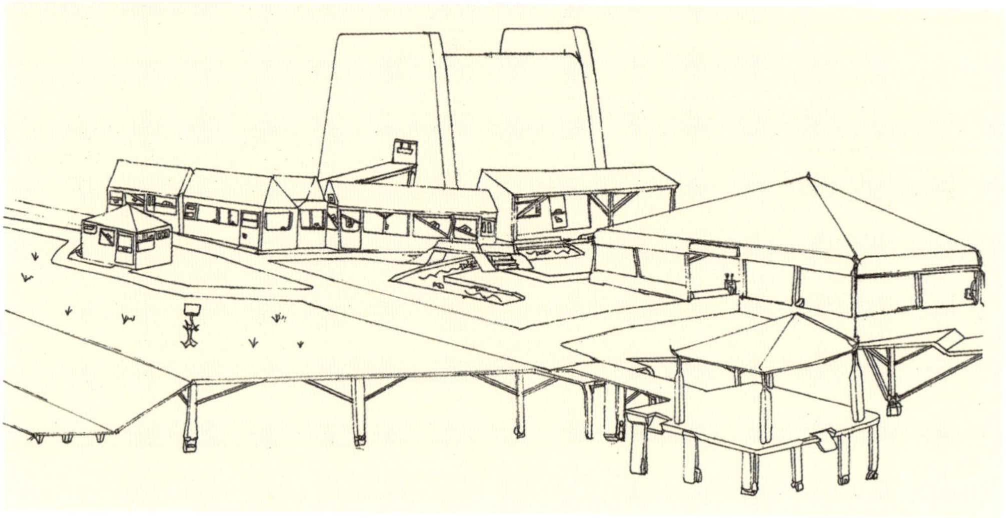

马尔代夫水上屋印象　胡富豪　7岁

老火车头　胡富豪　8岁

《因纽特人的生活》是作者9岁半时的命题创作。看过视频以后，了解了生活在寒冷地区人的渔猎生活，豪豪便为猎人发明一种特殊的弓箭，可以架在地上同时发射许多箭，以提高捕猎时的命中率。他还在远处画了一台履带式汽车，方便在冰上行驶运送货物。

《宝岛巡航》是作者10岁时的创作。他希望设计并创造出我国自己的航母，加强军事防御力量，表现出立志保卫祖国领土的情怀。这幅画画的是一个岛的地图，上面标明了建设的各种防御设施，公路连通着停机坪、营房、炮台、岗楼和巨大标语，港湾内还停靠着一艘巡洋舰。画面构图严谨，思维缜密，对于一个10岁的孩子，实在难能可贵。

因纽特人的生活　胡富豪　9岁半

宝岛巡航　胡富豪　10岁

天上的街市　胡富豪　11岁

《天上的街市》是豪豪11岁的创作。这幅以郭沫若同名诗命名的画，左边建筑群里有一家出售减价枪支的商店，中间有一家蛋糕房，右边有家糖果店。画面中房屋造型可爱优美，各种商标和销售物品的设计高贵诱人，营造出童话般的天堂世界。

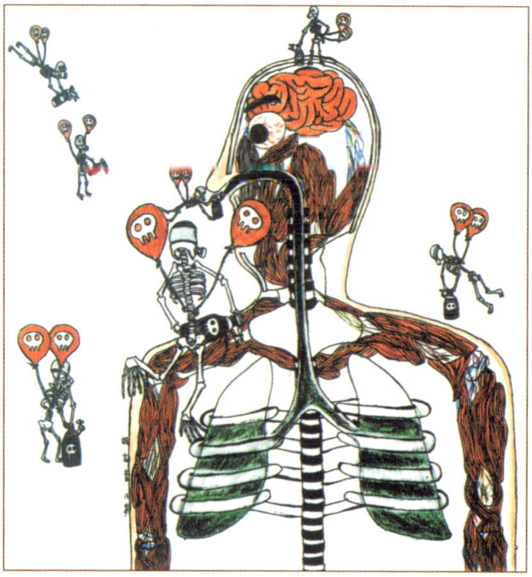
看不见的死神　胡富豪　13岁

《看不见的死神》是豪豪13岁时的创作。作者用象征死亡的小幽灵比喻空气中的那些对人体有害的毒性物质，它们通过呼吸道进入人的肺部，甚至会伤及人的生命。作者用透视的方法表现人体结构，画面形式具有装饰美感，既严肃又不怪异，构图严谨，形式独特，耐人寻味。

老爸的画像 许敬一 5岁

对于儿童艺术，我们不能只用简单、幼稚、天真、无趣这些概念化的标准去评价每个孩子的艺术创造。胡富豪从小具备艺术设计方面的天赋，他关心自己感兴趣的东西，乐此不疲地去发挥他的想象，并从中得到满足和快乐。对此，我们应该给予鼓励和肯定，并适时加以引导。

（二）对艺术形式敏感的孩子

许敬一生活在一个充满亲情和温暖的家庭里，父母待他像朋友，经常一起开玩笑，一起讨论家里的大事。他的父亲毕业于哈尔滨工业大学，性格温和、幽默；母亲毕业于北京传媒大学导播系，性格单纯、善良，喜欢艺术。这样的家庭氛围使许敬一养成了活泼开朗、思维敏捷、懂礼貌的性格。他喜欢用绘画表达自己对事物的感受，展现了他的艺术天赋。

《老爸的画像》是作者5岁时的写生画，人物造型夸张传神，好像在用画与父亲开玩笑。他勾画的父亲长得高大、厚实，有些呆头呆脑，传达出人物幽默憨厚的气质。画面对形象细节的刻画也很仔细，如发式的形状特征，两耳后边的毛发，口边长的痣，纽扣上的扣眼等都被仔细画出来了。这种观察能力在幼儿画中并不多见。

《狼群》表现一群狼从原野的高坡上走过。重复的形象列队行进，在产生秩序美的同时，也营造出狼群蓄势待发的气势。它们凶恶而不雷同的相貌，生动地表现了作者的感受。画面形式简洁，造型生动，构图完美。

狼群 许敬一 5岁

龙虎斗 许敬一 6岁

动物园 许敬一 6岁

《龙虎斗》是作者6岁时的创作。画面中的“龙”实际是鳄鱼，它张开大口向老虎发威，老虎转身回头威猛地准备搏斗。它们站在水的浅滩里，辽阔的水域营造了开阔的视野，从而使主题形象在画面中显得很突出。

《动物园》这幅实地写生创作的画面同样具有形式美感。弧形的山坡上有棵枝叶向下伸展的大树，弧形的树枝形成向下环抱的态势。作者敏锐地抓住动物的形象特征，并将其进行了概括和美化，把斑马警觉地注视观众的神情，以及鸵鸟专注觅食的样态，都刻画出来了。画面中坡地下那丛生的各种植物与上面的动植物相呼应，显出幼儿少有的艺术表现能力。

作者8岁到美国度假时画了许多生活记忆画。这些日记画不仅让我们了解了他在异国所遇到的种种趣事，同时，我们从画面上也受到了美的感染。

《山上水潭里的蛇》表现一条巨大的蟒蛇在草丛和乱石中爬行的情景。作者依据自己的生活感受组织画面，将植物与石块的穿插遮挡、聚散关系都处理得很有美感，表现出作者丰富的想象力和驾驭画面的能力。

山上水潭里的蛇　许敬一　8岁

《姑姑家》通过写生表现两位主人坐在自家门前休息的场景。人物在画面前景，占画面的面积不大，但依然突出。画面以家的庭院为背景，人物背后的门窗以及上面悬挂的旗帜和满园植物，都通过线的疏密和黑白来表现，给人以舒适、幽美的幸福感。

姑姑家　许敬一　8岁

意外的发现　许敬一　8岁

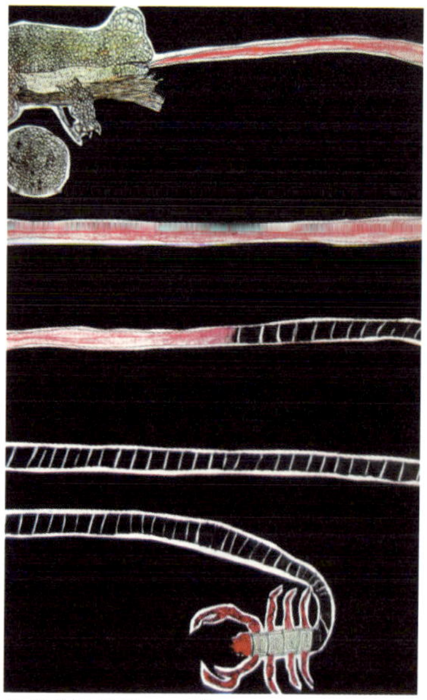
线的联想 许敬一　9岁

“我们来到一个商店门口，意外发现了一个免费淘宝的地方。我和妈妈淘了很多小宝石。”这是作者觉得愉快、好玩的一个经历。《意外的发现》这幅画再现了这段经历。画面中间那个淘气的小孩是作者本人，作品用一半的空间突出表现了那个藏“宝”的地方，以商店的门作背景，点出事件的地点。画面设计简单完整，清晰地展现了内容。

《线的联想》这幅作品将两个不同动物，根据它们的生理特征进行连结、转换。左上角的蜥蜴吐出一条长舌，与右下角蝎子拉长的尾巴连结，形成一条来回曲折的线，创造出既荒诞又诙谐的奇异画面。

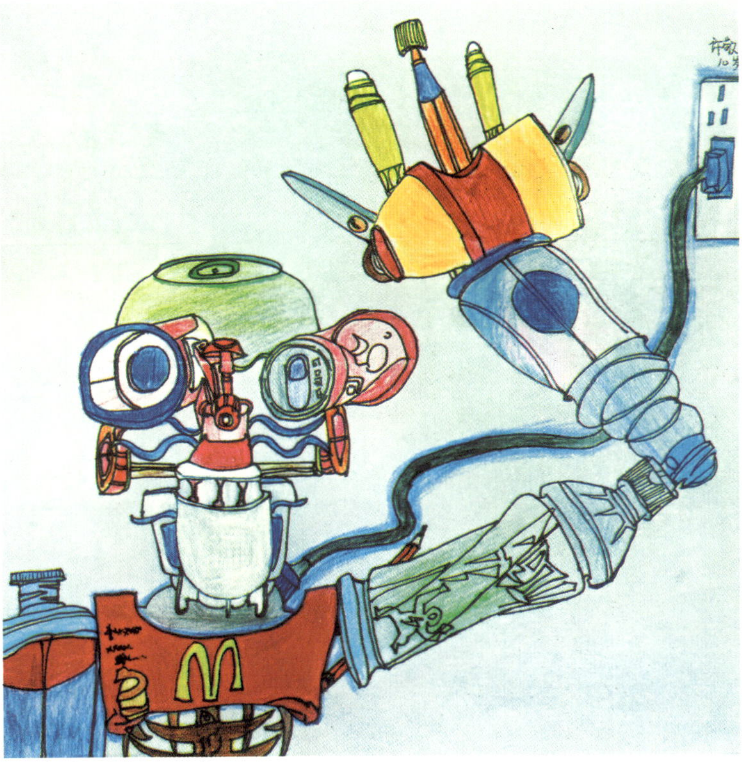

垃圾的利用 许敬一　10岁

《垃圾的利用》是作者10岁画的命题创作。他利用各种废弃物品，如易拉罐、饮料瓶等，根据它们的造型特点组合成一个机器人形象。画面选材巧妙，结构组合恰当合理，立体结构关系明确严谨，充分表现了作者丰富的想象力和空间表现力。

许敬一的画大多取材于生活中那些不被人注意的小事，从他的画里我们能感受到他对生活的热爱及赞美。艺术不是真实生活的再现，在儿童艺术发展中是否具备写实技能并不重要，真正打动人心的是人的情感，自然流露的对美的感受。

（三）一个喜爱装饰的阳光女孩

杨伊是个文静而秀气的女孩，她不爱说话，所以我与她没有直接的接触，但她的画却一直装在我心里。为了进一步了解她，我打通了杨伊母亲的电话，并得到她热情的支持。很快她就送来伊伊早期的画和一本纪念册，打开这本珍贵的册子，里面装满了女儿给父母的贺卡。每逢父母亲的生日或节日，伊伊都要自己动手设计贺卡，表达对父母的感谢、祝福和爱心。我被这些贺卡深深感动，也更了解这个孩子了。伊伊的父母都毕业于解放军信息管理学院，她在妈妈细心的呵护下，受到多方面的艺术熏陶，性格善良、大气、上进，学习成绩优良，是个全面发展的优秀学生。

蜗牛世界　杨伊　9岁

《蜗牛世界》是作者9岁时创作的想象画。中式杯子内外爬满了巨大的蜗牛，在它的周围布满长着肥壮嫩叶的植物，象征性地构成一种万物复苏、蒸蒸日上的繁荣景象。小动物在大自然的恩赐下，闲适自在地生活着，展现出一个和美的世界。画面运用中国民间色彩中的红绿对比，构成鲜艳、喜庆、和谐的美好意境。

我看高迪建筑的感受　杨伊　12岁

《我看高迪建筑艺术的感受》是作者12岁时的创作。在欣赏了西班牙著名生态建筑师高迪的作品后，作者深受感染，用图案表达她对高迪建筑艺术特色的理解和赞美。她以各种植物为创作元素，并在图形上进行装饰，用抽象的符号表现崇高、优美的韵律之美。这个抽象符号又像个大音符，让观者从中感受到设计的美妙。

《因纽特人赞》是作者13岁时的创作。看过因纽特人生活的视频后，了解了这个民族的生活环境和生活习惯，作者用招贴画的形式表现了自己对他们的赞颂和祝福。因纽特人居住在寒冷的北部极地，他们住冰屋和皮革帐篷，以狩猎为生，与北极熊和海豹为伴。包裹着皮毛的母亲耸立在大地上，眼里闪烁着民族古老的图腾。天上的祥云中飞来两只仙鹤，象征着吉祥如意，表达自己对这个民族坚强、勇敢和伟大的赞美之情。

因纽特人赞　杨伊　13岁

《生活中的线》是作者13岁时画的主题创作。这幅画的构思十分巧妙，她用拟人化的手法画了一把曲线形座椅，椅子又像一个纤细柔美的女人在织毛线活，暗蓝色的椅面用曲折线装饰，构成线的韵律感。讨厌的蚊虫绕来绕去，让人有随时被叮咬的感觉，打破了画面宁静的格局，增添了画面的生活情趣。

进入“转型期”后，儿童的思维活动由感性向理性转换，原创绘画有了进一步的发展，他们已能从生活经验中提取素材，发展艺术构想，展示自己的艺术创作风格。杨伊的作品充分显示出她健康向上的品格和艺术创作的特点。

生活中的线　杨伊　13岁

（四）一个善于求新的孩子

林昊田就读北京一所重点中学，父母都是高校教师。良好的教育环境使他成长为一名学习优秀、性格开朗、待人温和友善、人缘很好的学生。他不仅爱画画，还会吹长笛。他的绘画构思常常与众不同，尤其在写实造型发展方面有突出表现。

公路上的车　林昊田　7岁

《公路上的车》是作者7岁时的创作，他能凭记忆表现出汽车的立体关系和透视现象，画面线条拙朴、肯定，黑白关系安排得当，构图完整具体，体现出超常的空间思维能力。

《楼梯空间》是作者9岁时的想象画。受著名画家埃舍尔作品《空间的相对性》的启发，作者借用楼梯进行组合、连接，创造了一个巨大的想象空间，使楼梯成为人们得以互相联系、沟通的桥梁。画面表现一个孩子从室外另一栋楼，穿过大窗口走进布满各种楼梯的大空间，四通八达的楼梯与4栋楼房相连，楼梯下还有条能行船的河道，排水沟口由许多方块垒成的台阶通向水边，构成一个奇妙的空间世界。

楼梯空间　林昊田　9岁

《非洲面具印象》将许多不同的面具组合成一幅画，并加以变形装饰。这幅画在纸盒上的黑白画，造型独特，情趣盎然，表现了原始木雕艺术的纯朴与拙美。画面黑白色块归纳合理，富有节奏美感，人物面具特征把握适度，体现了作者超常的造型表现能力。

《斑马群》这幅作品作者想象一群斑马在大街上奔跑，城市交通堵塞，秩序一片混乱。行驶中的轿车停在一边喘着粗气，道路上竖着的警示牌失去作用，公共汽车也不得不列队给马群让路，过街天桥上的行人都停下脚步在上边看热闹。画面色调由暖色构成，体现了人类保护野生动物的生态意识。这个异想天开的情景，反映了作者丰富的想象力和发散性思维能力。

非洲面具印象　林昊田　9岁半

斑马群　林昊田　10岁

会移动的城堡　林昊田　12岁

《会移动的城堡》是作者12岁时参加创作比赛，荣获特等奖的作品。他幻想铸造一个巨大的飞行器，可以运载整座城市搬迁。这个矛头形的三角飞行器设计，便于冲破高空气流阻力，它后部左右各装着两组推进器作为飞行动力。辽阔的天空中还有两架护卫飞机，从高空远望经过的城市，通过空间的透视变化使观者感受这个壮观的景象，显示了作者的创意想象能力。

《奋进号航天飞机》是作者11岁画的命题创作。银灰色的巨型航天飞机，退役后停放在坚固的起落架上，供人们观赏。作者以写实的手法虚构了画面背景中的城市建筑和天空飞行的两架护卫飞机，表现出男孩对科技的热爱以及扎实的造型表现能力。画面构图均衡稳重，主题突出，银灰色调更突显了高雅、庄重的美感。

林昊田的画没有一般幼儿画表现的天真、幼稚趣味，在表现物象立体空间方面，不仅能力超前，而且具有丰富的想象力和组织画面的天分，显示了驾驭绘画造型语言的特长。

奋进号航天飞机　林昊田　11岁

（五）一个天真有艺术灵气的孩子

在实验班的学员中，有个孩子的画常常吸引我，他画得那么纯真、有趣味，闪现着一般儿童少有的灵气，他叫王彦博。

《骆驼》这幅画是作者5岁时的创作。在这幅画中骆驼的相貌有胖、有瘦，有大、有小，每匹都不雷同。其中有匹小骆驼还淘气地站在妈妈头上，饲养员正着急地喊它下来。画中的两大骆驼一黑一白，它们背上的驼峰随身体胖瘦有大小变化。画面由不同的点和线及黑白色块组成，传达出儿童艺术特有的美感。

骆驼　王彦博　5岁

《天国之鸟》是作者6岁时的色彩创作。看过塞内加尔壁毯艺术“天国之鸟”后，他以自己的感受进行了再创造。画面在鸟的形象和色彩表现上，由一幅装饰图案演变成一幅表现性绘画，充满儿童特有的美感，显得更为精彩。这只神鸟画得神采奕奕，加上暖色的天空及冷色的楼房，使以红白为主色的鸟十分光艳夺目。

天国之鸟　王彦博　6岁

人像　王彦博　7岁

《人像》是作者7岁时的写生画。尽管人物画得不成比例，形也不够准确，但所画的每一处都是作者通过感知捕捉形象特点画出的。稚气的线条在画面上慢慢游动，无论人物头部发型、五官、脸型，还是双臂和手的动态，都显得那么认真、自信和自然，是作者发自内心的一种真情流露。

迁徙的鸟　王彦博　8岁

《迁徙的鸟》是作者8岁时的创作。他看过法国拍摄的同名获奖记录片后，根据内心感受表现候鸟随季节变化，成群结队迁徙的壮观场面。画面以俯视的角度表现了地面上的公路、河流、建筑，呈现出一片暖暖的背景色，鸟群则以冷色为主调，衬托着大大小小互相穿插遮挡的飞翔的鸟。鸟的造型多样生动，色彩强烈夺目，展现了作者对主题的理解。

《小院》这幅画是作者8岁时的色彩写生创作。院子里有各种各样的房屋，但作者只取了一个大窗子为主景物，窗前立着路灯，再抽取小院内的一个局部别出心裁地构成画面，反映了作者善于以主观的思维方式表现感受的能力。红绿补色对比，使这幅极具个性创造的色彩画，给人以感官上的享受。

小院　王彦博　8岁

《向日葵》是作者10岁时的色彩创作。秋天，葵花结出硕大的花盘，红色背景渐变成灰色的石头路，使三个巨大的花头在画面中突显出来。结籽的花头沉甸甸的，朝各个方向伸展，显得生动而有变化。紫黑色的枯叶、凋谢的花瓣象征植物种子的成熟，从而赞颂了自然界的美好和对生活的热爱。

向日葵　王彦博　10岁

骑单车　谢知遇　5岁

飞机　谢知遇　5岁

一般儿童10岁前的绘画，大多依个人生活经验，或观察后凭记忆表现。王彦博的画并没有停留在画面稚拙天真的层面，而是洋溢着丰富的情感。他作画不受真实局限，创造的形象、画面构思和色彩都呈现出主观情感，蕴含着一种美的能量。

（六）一个充满创作能力的幼童

谢知遇小朋友很聪明，绘画常随性而发，能敏锐地将个人感受创造成符号，进行形式化表现，画虽简单却耐人寻味。他的画始终装在我心里，使我难以释怀。他上小学后就不再画了，我无法了解他后面的发展状况。

《骑单车》是作者5岁时画的。画面人物拉长了上肢和下肢，表明骑车时手扶车把，脚踏车轮的动作。画面突出表现车轮和上面的花纹，两轮由链条连接带动车轮滚动。三角形支架支撑人的重量，车把前的车筐和后座也是必备的零件。作者省去其它细节使画面简单明了，右下角还有个骑童车的孩子，寥寥数笔勾画了人与车的感觉，很是生动。

《飞机》是作者5岁时的创作。这架怪异而美丽的飞机机舱分为前后两部分，机头是驾驶舱，机长坐在里面。机身分上下两层，上面有乘客席，下面是行李舱，舱口有传送带将行李送进舱内。机身两侧有机翼和救生通道，飞机下面有5个车轮，机头处1个，机身两侧共4个。机头下方画了个伞状的登机扶梯。画面显得很漂亮，构图均衡、稳定。

《消防车》是作者5岁时创作的别具一格的消防车：前部有方向盘、驾驶座和窗子里看到的人。车身下有两个车轮和车底，车内装着长长的水带，还有车门。车尾内装着许多消防器材。消防水带用红色涂染，显得很重要，车下的云梯用橙色表现也很显眼。画面运用线与色块的对比，重点突出，简洁明快。

《救火》表现了消防队员正在灭火时的情景。画面没有火场和环境，重点画一辆装载消防器材的车，以及消防水带与地面上的消防栓连接的关系。一条通向画外的水带暗示正在灭火，简明扼要地点明了主题。

《火车站》是幅生活记忆画。作者采用不定向空间形式，表现自己对火车站的印象。左侧站台旁停靠的列车车头向下，由许多节车厢连接在一起，车下面是轨道，车厢内有很多坐席，车头还在冒着串串烟气。有两位旅客通过曲折的通道向火车走去。车站右边是一些商店。作品着墨不多，火车站的情况却一目了然。

消防车　谢知遇　5岁

救火　谢知遇　5岁

火车站　谢知遇　5岁

母亲节的礼物　谢知遇　5岁半

《母亲节的礼物》是作者为母亲画的肖像，表达了对母亲的爱。画面人物造型和色彩运用极具感染力。人物面部色彩鲜艳，黑红相间的彩线把头发分向两边，颈部戴一串项链，彩色的花内衣，及一边绿、一边紫的外衣，都表现了幼儿内心的激情。

暑假我随儿童采风写生团，来到加拿大一处风景胜地——迷失湖游览、休息。孩子们在水边和草地上尽情玩耍，有的孩子拿起笔写生，谢知遇当时只玩不画，回宾馆后画了这幅《维多利亚岛迷失湖印象》。圆形湖面，湖水清澈见底，里面有小鱼、小虾和小螃蟹。湖边停着一个小舢板，有两位游客准备上船。深蓝色湖水中映照着白云，水波涟涟，湖中舢板上的红绿色块，呈现出美的意境，象征性的符号将作者的感受勾画了出来。

维多利亚岛迷失湖印象　谢知遇

《晃杆杂技》是作者6岁时画的记忆画。观察过杂技表演的视频后，作者选择自己感兴趣的晃杆节目为题材，表现了几位男演员在晃动的杆子间，飞来飞去的惊险场景。飞舞的红彩绸烘托出演出的热烈气氛，穿插着未涂色彩的人物，形成动的幻觉，营造出活泼、生动的氛围。

谢知遇不能长时间去面对现实描摹，却在短时间内迅速捕捉住事物最本质的特征进行表现，充分体现出幼儿良好的感知力和艺术创造能力。

晃杆杂技　谢知遇　6岁

（七）一位普通儿童艺术发展的思考

严继琛小名叫乐乐，起初他对绘画并没有特别的兴趣，经常要母亲督促他画。乐乐4岁半初到实验画室时，绘画成绩很一般，他的艺术才能是随时间慢慢显露的。

《迁徙的鸟》是乐乐4岁半时画的，基本只能用一些象征符号表现形象。

迁徙的鸟 严继琛　4岁半

妈妈看我坐飞船　严继琛　6岁

大树下的摊贩 严继琛　6岁

《妈妈看我坐飞船》是乐乐6岁时创作的，他将自己在高空中驾船飞翔的兴奋心情，用美的形式呈现出来。画面表现了人们以仰视角度望去时的感觉，构图方式独特新颖，色调统一协调。

《大树下的摊贩》是作者6岁时画的风景写生。暑假我们去哈尔滨采风，在海岸边选取一棵大树和树下摆摊的小贩作题材写生。老师首先引导孩子们观察景物之间的关系，从眼前的摊贩画起，逐渐向树推移，最后添画周围环境。乐乐的这幅画画得很完整，画面构图和线的疏密关系都生动有序。

《我的母亲》这幅写生是乐乐7岁时画的。画面中人物的相貌、手的造型、人的动态、发型都表现得惟妙惟肖，十分传神，特别是线的组织和形式感很强。

《坐着的阿姨》是乐乐8岁时的写生。作者依靠直觉敏锐地捕捉到人物的形象特征，通过观察人物面部的透视变化，以及人物的动态，有选择地用线进行表现，充分地展示出他所具备的写实能力。

《色彩人物写生》是乐乐10岁时的色彩画。画面显示他已能依靠直觉，感受到人物在复杂环境中的各种色彩变化，凭感觉调配复色表现冷暖关系，特别是人物身上的那一缕阳光，被他及时捕捉并表现出来了。

我的母亲 严继琛 7岁

坐着的阿姨 严继琛 8岁

色彩人物写生 严继琛 10岁

晨练　严继琛　11岁

《晨练》是乐乐11岁时的命题创作。画面表现在冬天的早晨，树上、地上的积雪还没有融化，小区里的居民们已开始选择不同的运动器材进行健身活动了。画面的暖色调营造出邻里间的和谐和生活的美好，生动的人物形象表现出作者对生活的热爱。

小学生好惨　严继琛　11岁

《小学生好惨》是乐乐11岁时的日记画。他用漫画的形式发泄了自己的情绪，表现出少年时期的叛逆心理。他将自己和同学比喻成一群被关在笼子里的鸡，旁边坐着传达室的看门人。这个管理员对“鸡”说：“课间休息就十分钟，你们飞出去根本飞不回来，喝点水，吃点米就行了！”画面风趣而巧妙，人和小鸡们的动态都画得很生动。

严继琛小朋友除了绘画，还参加了各种艺术活动，无论音乐或美术都使他受益不浅。这说明只要坚持，潜在能力就能得到发展。

根据以上几名不同类型儿童艺术发展特点的个案分析，可以看到，儿童艺术发展存在多种可能，我们与西方学者在儿童艺术发展类型问题上的分歧，体现了东西方两种不同的美学思想。西方美学家以主客体二分法来研究美的产生，认为主观认识与客观实际相结合才能产生美感，艺术创作依靠观察、认识产生形象和形式，他们看待艺术重理性、重科学，在艺术教育上总结了一套系统、完整的写实教学体系。这也是我国美术专业院校一直沿用的教学体系，即把造型基础训练与艺术创作分开教学，认为只有打好基本功后才能进行艺术创作。这种观念下培养的学生，缺乏艺术创造能力，阻碍了许多有造诣的青年人艺术道路的发展。

中国自古以“天人合一”的美学思想主导艺术创作，认为美在体验和直觉中瞬间产生，更关注事物的感性形式存在，认为人能通过客体外观，迅速领悟其内在的意蕴。艺术不依赖抽象概念，也不以概念形式表达，美感具有超逻辑、超理性的特点，人通过直觉所反映的是最本真的世界。因此，东方艺术重直觉、重想象、重感性、重表现。儿童依赖直觉、体验和想象进行艺术创作，体现出意象性、表现性特点。儿童随年龄增长会渐渐通过认识增长知识，了解艺术形式和美的规律，更深地吸收和理解生活，创造属于个人独有的原创艺术作品。因此，儿童原创艺术发展与东方的美学观念是吻合的。

徐子涵　7岁

画展　李悠扬　9岁

长期以来，人们欣赏艺术常习惯用是否“象”、是否真实来评价。一些人受西方艺术观念影响，认为中国传统绘画、民间艺术、儿童艺术不科学、不真实。叶朗先生认为这种纯物理性地看待艺术的人，往往缺少诗意和美感。他在著作《美在意象》中指出“有审美眼光才能见到美，要有审美态度，必须抛弃实用的（功利的）态度和科学的（理性的、逻辑的）态度。实用的功利眼光使你只看到实用价值和实用有关的性质，科学的、逻辑的眼光只看到植物学（松树）的性质，这两种眼光都遮蔽了事物本来的美的面貌。”

当前，文化的国际化发展，东西方文化互鉴互学走向融合。文化的多元化已逐步得到开放性发展。儿童艺术受文化大环境影响，特别是不同家庭的文化教育环境，为儿童艺术提供了更大的发展空间。儿童的艺术创造开始受到尊重和保护，这使每个具有不同才能的儿童，都有机会得到自由发展，体现了人类教育观念的巨大转变和进步。

第三章

儿童原创艺术赏析

第三章　儿童原创艺术赏析

如何欣赏儿童艺术？这是作为家长和教师首先需要解决的问题。如果不懂儿童心理，不了解儿童创作时的所思所想，不能用艺术的眼光去欣赏儿童艺术，就不可能以积极的态度去鼓励儿童参与艺术活动，提高他们的兴趣，促进他们艺术的发展。

第一节　儿童原创艺术的美感特征与评价

儿童原创艺术与成人艺术，在美感特征上应该是一致的。虽然儿童在艺术创作方面、思想深度和技能技巧上还不成熟，但从艺术的本质上看，他们所创造的艺术作品往往更能体现事物的本真面貌，闪现出美的能量。根据美学家叶朗先生的美感原理，我们总结儿童原创艺术具有以下几个方面的美感特征。

一、无功利性

儿童进行艺术活动没有任何的功利目的。他们接触绘画工具表现社会生活是出于好奇。当受到赞美时，就对艺术有了兴趣，绘画只是他们表达内心情感的方式而已。叶朗先生认为："美感的无功利性使主体获得一种精神的自由、解放。"儿童原创艺术最宝贵的品质就在这里。

二、直觉性

儿童原创艺术主要依靠直觉，它超越知识，不属于认识论范畴，是一种生活体验。儿童原创绘画不是在画理、画论指导下产生的，是在体验中产生的意象，是情与思的结合。然而，在他们无意识的创作中，也往往包含一定的理性成分，表现出符合审美规律的作品。因此，儿童随着自己经验的积累，知识面不断扩大，会逐渐对美的形式规律有所理解，儿童艺术会自然向前发展。

迁徙的鸟　全全　4岁

《迁徙的鸟》表现了儿童直觉中的想象，那些正在离开栖息地的鸟儿们，大大小小像人在赶路似的，都低着头，迈着沉重的步子往前走，样子古怪而稚气，很是生动。

三、创造性

儿童的艺术创造不受任何束缚，他们依靠知觉和想象表现感受，创造属于他们自己的艺术，带有强烈的情感色彩，具有唯一性和独创性。叶朗先生指出：“审美知觉是激发起来的情感与想象的契合而形成的，是情景交融的意象世界。”儿童艺术限于儿童心理发育水平的差异，有些图画只是一种说明性图解，一时还达不到审美的境界，但有些儿童原创艺术却能打动人心，给人以美的启发和享受。

《心在水里的倒影，鱼在游泳》是美籍儿童嬿妮5岁时的创作，画面具有一种超乎寻常的意境美，表现了儿童心灵深处的美丽世界。

心在水里的倒影，鱼在游泳　嬿妮　5岁

四、超越性

美感是对主观与客观二者关系的超越，是对自我的超越，是一种精神的超越。它使人获得精神的自由和解放。儿童艺术不受真实局限，可以自由翱翔在想象的世界里。然而，这种想象并不是天马行空的奇思妙想，而是依据个人的生活体验，通过“移情”、联想创造出的超现实的艺术构想。

《可爱的天使》是拉脱维亚9岁儿童的创作，表现一位背上长着翅膀的天使，降临人间，把爱带给人们的美好形象。她和蔼可亲、生动的表情，像慈祥的妈妈散发着温暖的气息。

可爱的天使　拉脱维亚　9岁

B字的联想　许敬一　8岁

我们给灾区小朋友捐款　李卓　6岁

五、愉悦性

儿童通过艺术活动得到审美享受。他们有时用艺术自娱自乐，“从而在心灵深处引发一种满足感和幸福感”（叶朗著《美在意象》）。儿童画画时，心情是愉悦的，有时还会借用图画开个玩笑。

《B字的联想》是8岁儿童的字母设计，他将“B”字设计成一个低头翘腚拉大便的孩子。作者想出这个坏点子，心情是快乐的，让人看过觉得好笑又好玩。

《我们给灾区小朋友捐款》表现各小组同学都争先恐后献爱心的场景。我们透过画面人物的表情和重复的动作，可以看出作者作画时心情的快乐和喜悦。

第二节　儿童原创艺术课例赏析

如何从儿童绘画中分辨哪些属于儿童自己的创作，哪些是模仿成人的画，哪些画的形象是程式化的，如何引导儿童的原创艺术发展？对这个问题我们将通过具体的教学案例，从学生作业中进行分析，探讨并适时地对孩子加以引导。

一、儿童课题作业评赏

（一）一堂幼儿静物写生课（为4～5岁幼儿设计）

让没画过写生画的幼儿画一瓶蒲棒和莲蓬。这个课题有难度，也很大胆，但两种植物形象并不复杂，也入画。从作业分析，可以看出教师并没有规定写生方法，只引导儿童观察感受两种形的不同特征。如果我们从写实角度评价作业，能达到要求的幼儿显然寥寥无几。因为，此时的幼儿心理发育能力还不能分析事物的主客观关系，幼儿依据主观感受表现对象，与真实没有关系。眼前的静物对大多数幼儿来说，只作为视觉刺激物，而不是视觉写生物。只有少部分幼儿能依靠视觉观察写生。

下面我们将7幅作品分为4个类型进行分析。

4岁、5岁幼儿作品的共同之处都是用象征符号表现对象。下面的两幅画一个花瓶是透明的，能透视里面的茎和水，一个瓶上画有图案，两幅画都在花瓶外面凭想象添加了类似水波或草地的纹样。可见幼儿表现的是自己的内心感受，与面前的静物关系不大。这是人在初级阶段时的知觉特点。两幅画虽然内容、形式简单，但画面依然完整，具有一定美感。

蒲棒与莲蓬（摄影）

梁明暄　4岁

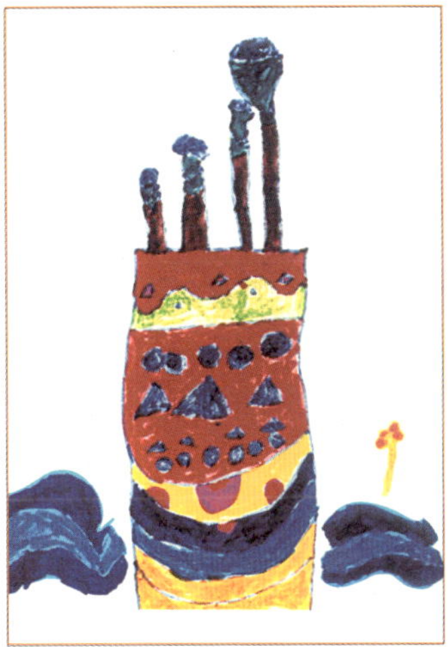

张思远　5岁

宋洁和杨子韬的画，画面加了更多的想象内容，瓶内插着更多的结籽的莲蓬。宋洁的画画面还添画了两排红色的云，杨子韬的画里画了两瓶“花”，可能是左边的瓶偏在画面一边，所以在右边又添画了一个。两个瓶子都是透明体，瓶口上的莲蓬很大，并结满莲子，表现出幼儿的知觉意象和主观想象的结合。

李若凡和姜语馨所画的花瓶和植物果实各有侧重，一幅瓶子大果实小，另一幅突出表现蒲棒和莲蓬向四面伸展的姿态，压小了花瓶，他们所呈现的是知觉意象。画面形式还运用点、线、面的造型元素加以点缀，丰富了画面。

宋洁　5岁

杨子韬　5岁

李若凡　5岁

姜语馨　5岁

张博源小朋友用线勾画出对物象的感受，并没有具体画出静物的形象，只画了对静物的感觉，画面生动有趣。

在5岁幼儿中，由于他们的感知力、想象力发展不平衡，画面创造了不同的意象形式，很难用一把尺子去衡量他们的画，因为艺术表现是多样性的。这堂课的价值并不在于写实技巧，而是体验自己动脑去创造画面的乐趣。

张博源　5岁

（二）一堂实地体验课（为5岁幼儿设计）

教师组织家长带小朋友到溜冰训练场，观看运动员打冰球，极大地提高了孩子们的兴致，也使他们的画面生动起来。每个幼儿会选择不同的感受去表现，所画的人物形象、故事情节、环境气氛也各不相同。

下面两幅画都是表现运动员抢球，但所画的形象却不雷同。一幅表现了运动员着装厚实笨重的体态，只有两条弯曲的细腿显得很灵活。另一幅突出表现运动员击球时的动态，人物的手、肩、肘、腿的动势都很夸张，表现出运动员动态的美感。

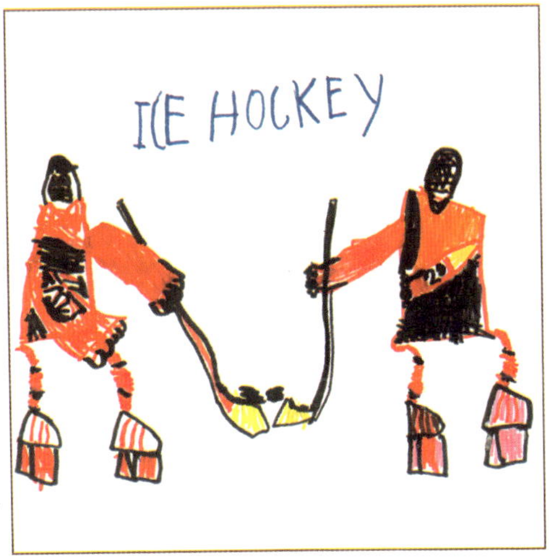

打冰球　王子衡　5岁

打冰球　侯伯文　5岁

打冰球 果善源 5岁

这幅画画面表现的空间更大些，除了运动员还有裁判员，人物形象表现得很具体，如面部护具，不同的队服，以及冰鞋、手套、球杆等。场外还有一排人在呼喊，表现了作者对赛场的印象。

打冰球 杨铭开 5岁

这幅画表现了赛场上的不同情节：队员列队听教练员训话，后面的观众此起彼伏的热烈气氛。通过人的动、静对比，画出了赛场的气氛。

打冰球 赵烁桦 5岁

这幅画用拟人的方法表现裁判员训斥犯规队员的情形：鸟队与狗队比赛，狐狸裁判说："你把人撞伤还要医生救护！"三个人物刻画得都很传神。儿童在生活体验中能迸发出无限的美的能量。

（三）讲一个故事启发想象（为5～6岁儿童设计）

给孩子讲经典名著故事，启发儿童的好奇心和想象力，让儿童选择情节构想画面。古希腊著名的荷马史诗中讲述的特洛伊战争，其中有一个场景是希腊人攻陷特洛伊坚固的古城堡，致使特洛伊人中计而毁灭。

希腊人攻打特洛伊城佯装败退，留木马于城外。特洛伊人打开城门打扫战场，围着缴获的“战利品”欢呼胜利。果善源的这幅画用透明画法表现木马腹中藏着的勇士，并将木马头部用木结构表现其特点，周围群众用简单符号表示。郎紫乔则具体表现人们在月夜中奏响乐器，欢庆胜利的情形。

木马计　果善源　6岁

木马计　郎紫乔　5岁半

赵烁桦的画则用拟人画法将人画成鸟状，表现人们将木马放置在平板拖车上，用钢板固定，绳索捆牢，拉着木马回城的情形。画面颜色鲜艳喜庆，衬托了人们的喜悦之情。

杨子衿的画表现木马被拉到城里后，里面藏匿的敢死队员，趁黑夜用绳索从木马中滑到地面，背着武器准备偷袭敌人的场景。

木马计　赵烁桦　5岁半

木马计 杨子衿　5岁

（四）发展儿童逆向思维能力（为6～7岁儿童设计）

老师说：假如人类都变小，成为小人国世界，那会什么样呢？围绕这个主题儿童会产生种种好玩的想法。

以“巨嘴鸟乐园”为主题进行创作，在小人国里大鸟成了孩子们游戏的伙伴。

巨嘴鸟乐园　冯智谦

冯智谦的这幅作品表现了大鸟与周围的人一起唱歌的情形。有的人站在树上，有的人站在鸟背上，有的人站在远处的地上。身着白衣，手拿心形气球的人们在红背景的衬托下，美得像小天使，展现了人与自然和谐相处的美好景象。

巨嘴鸟乐园　丁和宇　5岁半

巨嘴鸟乐园　张曦　7岁

小人国　王露鹏　7岁

丁和宇的这幅画中，作者想象有一只巨大的鸟展翅飞翔在两山之间，许多人像荡秋千一样悬挂在鸟的翅膀上，表现空间很高远。画面以红、黑、白的大色块对比，显得整体而醒目。

张曦的这幅作品把巨嘴鸟作为游戏的“道具”，鸟头上顶着玩跷板的孩子，鸟身上有的跳绳，有的放风筝，鸟嘴上可以买东西、休息、滑滑梯、荡秋千。天上有热气球、滑翔机，草地上有泳池、茶座，真是游乐的好地方。

在以“小人国”为题的绘画创作中，孩子们善于从身边的事物中找到主题切入点，画了些搞笑的漫画内容。

有的在画面中表现一个运动员在卫生间的纸筒上奔跑，滚动的卫生纸卷使他挥汗如雨。

有的儿童想象从饮料瓶里倒出水，形成湖泊，小人国的人在里面划船，巧妙地表现了主题。

还有的画了一个大转笔刀，一个工人站在梯子上，双手托举巨大的铅笔，正在削笔尖。

这些想象的题材有些荒诞，也很有趣，内容都来源于儿童的生活体验，所以耐人寻味。

在小人国　张浚鸥　7岁

小人国　毛思羽　8岁

（五）选个生活里常见的场所，观察百态人物（为8～9岁儿童设计）

“乘地铁的人们”这个主题是8～9岁儿童的创作课题，目的是引导儿童在生活中观察和体验人物活动，捕捉各种人物的神情，给绘画创作注入生命的活力。

门子宜的作品表现地铁车箱里人很拥挤，在这狭小的空间里准备上班的人，依然各自做着自己的事。有的看报纸，有的听耳机，有的看手机微信，有的看书，也有人打瞌睡……人们手扶、肩靠，摆着各种姿势，使车厢显得十分热闹。

宋佳音的作品表现一排坐在椅子上的乘客，他们挤坐在一起无法展开报纸，但依然在专心地看报。有个男青年挤在中间手护鲜花，期待着将要会见的朋友或亲人。

乘地铁的人们　门子宜　8岁

乘地铁的人们　宋佳音　8岁

地铁上的读者　丁家齐　7岁

乘地铁的人们　陈桐宇　9岁

丁家齐的画里集中表现了一个穿戴时髦、帅气的青年人专心看报的神情。由于车内人不多，他可以独占一方展开画报。车厢内挂着空扶手，透过玻璃窗还能看到站台上的广告。

陈桐宇的画集中表现两位乘客不同的神情。一位手扶立杆专心看书，另一位坐在椅子上入神地听耳机，两人的神情都很生动。车厢内贴着各种广告，透过玻璃还能看到站台上的人们，以及对面站台上停靠的车辆。

如果我们不经常启发儿童到生活中去选取素材，他们只能画概念的人，人物就会缺少活力。

餐厅　张翊乔　6岁

东交民巷　郭含　6岁

（六）写生组合，培养构图能力（为6～10岁儿童设计）

如何在写生中进行艺术创作？需要我们不断在教学中启发儿童，明确写生的目的不只是照抄对象，要善于发现生活中的美，选择美的素材组成画面，创造性地运用色彩，通过色彩对比，表达对美的感受。

《餐厅》这幅画是我们暑期带学生去哈尔滨采风时，在宾馆内画的。这幅作品将室内四壁组在一个平面，从屋顶的天顶灯画起，然后画餐厅桌椅，又把左侧墙上的门平移到画上，然后在灯下添画正面墙上挂的画和围墙，最后还在右侧加了柜式空调。画面内容虽然有些零乱，但这是作者对环境的感受。幼儿写生不要求表现立体空间透视变化，这既降低了难度，也符合儿童的心理特点。

《东交民巷》画的是北京的标志性建筑，它在街口拐角处。这幅6岁幼儿的写生，选择的角度在建筑的拐角中央。作者使用主观色彩表现，用蓝色表现灰冷的砖墙，用大红色表现挡在建筑前的树，从而形成色彩的强烈对比。画面构图突出了树的姿态并使之成为主景物，建筑物隐藏在树林后面，意境更浓。这幅画在建筑两侧的倾斜面上空，添画了些树枝，使画面更生动，可以看出是教师引导的结果。

林荫道　张翊乔　8岁

《林荫道》这幅画是暑假带学生去青岛采风的作品，那里风景很美，适合画色彩写生。这幅画是8岁男孩画的。他选择画一排树，用绿色线勾画景物轮廓后不想填色，老师顺势引导让他用各种线勾画树皮，反而促使他完成了这幅写生。教学中，不规定一种画法，充分尊重儿童的个人意愿，才能更好地保护儿童艺术的原创性。

《小院》是8岁半儿童的写生创作。引导儿童根据景物有选择地组织画面，将写生与创作有机结合。可选择一处主景物，根据构图需要将周围一些景物移入适当位置，如路灯、树、晾晒的被子、花盆、垃圾筒等，这些物品不仅增添了生活气息，也丰富了画面内容。画面色彩由儿童自由搭配，降低了调色难度，教师只提醒儿童注意色彩间的对比关系，根据画面发展提些建议即可。

小院　王馨逸　8岁半

玉米　张玉洁　9岁

《玉米》是9岁儿童的静物写生。培养儿童脱离实物的固有色，自由表现色彩关系，不仅适合儿童的年龄特点，而且有利于提高他们的创造能力。画中的玉米放在地上，根据需要在周围添画些卵石，使静物回归自然，纯色与灰性色的对比运用，色块与色线的对比，使画面形式丰富而和谐。

有大树的风景　郭瑾怡　9岁

《有大树的风景》是9岁儿童的写生，几棵大树从堆积的石块中竖立着，周围的景物在树干下与石崖融为一体。四棵树形态各异，它们在天空的映衬下显得格外生动。树干和树枝以紫褐、蓝褐变化着，丰富的色相使绿色的叶子并不感到单调。

教学中要尊重儿童，也要帮助儿童发展，要把握好教与学的关系。其中教师的课题设计很关键，只有为儿童留有更大的思维空间，才能使儿童从多方面充分发展自己。

二、不同年龄儿童的原创艺术赏析

人们往往习惯从成人的角度思考和评价儿童画，忽视了儿童发展中那些闪光的东西。处在不同发展阶段的孩子，他们看世界的眼光、对世界的认知和感受，是儿童艺术特有的魅力。欣赏儿童原创艺术需要从儿童心理发展的实际出发，了解和理解他们的想法，并赞美他们的表现。

（一）3～6岁幼儿的绘画

3～6岁幼儿因他们年龄跨度大，各方面能力发展的差别也比较明显，绘画表现各不相同。

《太阳落山了》是3岁10个月女孩的创作。这幅画很特殊，深深吸引了我。我问作者："为什么小朋友的头发上会系着气球？"她说："不对，不对！那是系在小辫上的橡皮圈。"这时，女孩的妈妈走过来问："你为什么把每个人都涂成红色呢？"她说："太阳落山了，一切都染成了红色。"这个具有诗意的回答，使我们都惊呆了。她妈妈把女儿高高举起来说："孩子，你太了不起啦！"画面表现3个小朋友，两个系小辫的女孩儿和一个短发的男孩儿，太阳落山时的霞光映红大地，这就是孩子心中的美感。

太阳落山了 谷伊秾 3岁

企鹅的家 鲁天舒 4岁半

《企鹅的家》是4岁半幼儿创作的。三只企鹅画得很可爱，它们互相打着招呼在水中捕食。企鹅的形象各不相同，并以不同的颜色和点加以装饰，显得好看而生动。画面用五个层次将空间向远处推移，中间的雪屋内有企鹅妈妈和幼崽，远处还有一只从雪地上奔向大海的企鹅。画面设色单纯，以白、蓝为基调，主次分明，富有节奏美感。

冬夜 郭芳菲 5岁

《冬夜》是5岁幼儿的想象画。一棵落满积雪的大树，天空飘着雪花。入夜，小动物都躲到树洞里取暖了，小蚂蚁、小蜜蜂、小兔子住在不同“楼层”，郊外供游人住宿的设施笼罩在月色中，展现出一幅安静、美丽的意境。

《等车的人》是5岁幼儿创作的。站台上许多人在等车，有下班的男女青年，放学的女孩，去幼儿园接孩子的母亲和阿姨。他们穿着打扮不同，面向即将到站的车，神情很生动，站台上的站牌也做了特别安排，构成高低错落的格局。

《假日》是5岁幼儿创作的。画面很完整，主题也很突出。蓝色背景前的三只大象十分引人注目，形象也很可爱，空中悬挂的红灯活跃了画面，表现了儿童画的稚气与天真。

等车的人　谷伊秾　5岁

假日　周宣臣　5岁

《赛马》是5岁半幼儿的创作。画面最精彩的是两位骑手比赛时的动态，体现了作者对他们骑术的了解，并注重对他们精神状态的表现。远处看台上的观众虽然画得很小，但每个人都表现得具体认真。

《我的假日生活》是5岁半幼儿的创作。表现自己和家人到海滨度假时，与父亲在海边沙滩拣贝壳的场景。画面上部表现波澜壮阔的海浪，海水与沙滩之间的空白，像是大海拍打的浪花。三个人都伸着夸张的大手，去拣拾沙滩上各式各样的贝壳。画面清新、欢快，传达了度假的快乐感觉。

赛马　朱瑞仪 5岁半

我的假日生活　张隽玮　5岁半

《救火》是6岁幼儿的创作。画面以红色调表现火场，烘托了救火的气氛。穿白色衣服的是救护人员，穿红色衣服的是消防队员。主体色以红色系色彩表现，同类色不同深浅、不同冷暖的变化，使画面色彩统一和谐。

救火　殷实杰　6岁

《一家人》是6岁幼儿的刻纸创作。作品表现一家三口用餐时，其乐融融的幸福场面。作者用阴阳刻的方法，通过黑白对比，巧妙地刻画出人物形象。如黑背景前帅气的父亲和女儿对饮，坐靠背椅上梳着黑短发的母亲，以及白桌布上盘子里的食品，都鲜明地刻画了出来。房门上装饰的圣诞树和星星，给画面增添了几分浪漫气息。

一家人　蔡伟俊　6岁

《节日夜巡》刻画了一个值班员站在路边的情景。作品用贴纸与绘画结合的方法来表现，通过路灯上悬挂的灯笼，以及空中闪烁的火花，描画出节日的气氛。道路上那辆远去的轿车，使白色栏杆前的值班员，显得更加高大突出。

节日夜巡

（二）7～8岁儿童的绘画

7～8岁的儿童上学后的生活更加丰富，画面想象的成分逐渐减少，更多表现生活感受，画面形式仍以平面的或多种维度的空间形式为主。

《在泳池里》是7岁儿童的创作。这幅画最吸引人的是那泳池中站着的一家人，他们被安排在画面最显眼的位置，是儿童绘画“自我中心”的心理反映。泳池前面有几个游泳的人画得虽小，但个个泳姿具体而生动，有仰泳、自由泳、蛙泳，表现了作者对游泳知识的了解。泳池后方站着一位母亲，她在照看孩子练习游泳，泳池周围还有一些供人们休息的设施，几把太阳伞像高大的荷叶，使画面形式活泼而统一。

在泳池里　赵一晨　7岁

参观航天飞机　毛思羽　7岁

美国“奋进号”宇宙飞船退役后，在各地巡展，供大家参观。作者通过想象画出自己的感受，创作了这幅画。画面大部分空间表现飞机，只在下方黄金比处画了一排观众，他们举着长长短短不同样式的相机，画面人群着装不同、动态不同，像一堵人墙，气势甚为壮观。

《舞龙》是7岁半儿童创作的。作者以黑白形式，生动地表现了舞龙表演的热烈场面。两条巨龙首尾相连，众多举龙的舞者紧随龙体扭动奔跑。画中的龙从画面中出去又进来，盘旋舞动，在热烈的活动场景中，穿黑色衣服的人物依然是画面的重点，龙体上密集的斑点形成灰色调，使画面富有节奏美感。

舞龙　凌溪　7岁半

《工作中的怪手》是台湾二年级的学生作品，表现三台铲车正在工地上作业的情景。作者夸张地表现了巨大的铁臂，强调出它的威力，从而突出了主题。头戴安全帽的工人被安排在画面的几个角落，与巨大的机器形成鲜明对比。作者还具体描绘了铲车的细节，给人以真实感。画面用黄与蓝对比，显得鲜明醒目。

工作中的怪手　罗士庭

理发店　刘六阳　8岁

《理发店》是8岁儿童创作的。理发店有许多镜子，理发员阿姨站在画面中央，她满头发卷，穿着紧身衣裤，有鲜明的职业特点。角落里坐着理发的男孩，他们在蓝背景的映衬下，显得十分耀眼，红、黄、蓝三种纯色，充分表现出儿童用色的特点。

会飞的消防车　张露倩　8岁

《会飞的消防车》是8岁儿童的想象画。儿童最喜欢天马行空的想象，在他们心里任何事都是可能的。给消防车装上翅膀，它可以飞到火场上空灭火，那样，灭火就容易多了。画在绿色背景上的着火现场，火苗十分张狂，火势已燃着了周围的树木，消防车从天空向下喷水，显得有趣又荒唐。

夜间会飞的灯　邹馨墨　8岁

《夜间会飞的灯》是8岁儿童的想象画。作者以浪漫手法表现主题，如果夜间有会飞的灯，那么人们夜间出行随时有亮光陪伴。画面上两盏飞起来的灯，放射出强光，笼罩着山林和大地，以及公路上的车辆和行人。儿童不以真实为依据，利用红底为统一色调，营造出优美恬静的意境。

（三）9～10岁儿童的绘画

小学中年级儿童逻辑思维开始发展，他们从生活中吸收知识，对一些问题开始独立思考，主动发表个人见解，对生活的理解更深刻，绘画也更真实具体。

《眼睛的联想》是9岁儿童创作的。作者将眼睛的形状联想为一座桥，瞳孔为桥洞，透过洞口看到公路上行驶的汽车，眼睫毛成为桥上的路灯，上眼睑是桥面的厚度，下眼睑旁设有安全警戒线。借形移情是发展儿童发散思维能力的一种方法。这幅作品体现了作者良好的思维能力。

眼睛的联想　王萌　9岁

《清晨忙碌的人》是9岁儿童的命题创作。画面以一辆垃圾车为主景物，车边有正在清扫街道的工人，车附近还有准备外出旅行的一家三口，他们焦急地招手打车，勾画出清早这些忙碌的人的神情。浓重的天色衬托着远处还没熄的路灯，使主题更加突出。画面布局完整，色彩设计鲜明醒目。

《帆船赛》是9岁儿童的创作。蓝色的水面，映衬着白帆、海浪，运动员的健美身影，驾着帆船乘风破浪，构成一幅紧张而热烈的画面。画中的人物和船帆，由中心向外展开，增加了运动感，像一朵绽放的花朵，美丽无比。

清晨忙碌的人　李逸青　9岁

帆船赛　李思绎　9岁

马与速度　朱林泉　9岁

《马与速度》是9岁儿童创作的黑白画。一匹神骏的白马，奔跑在一条狭窄的街道上，道路两边黑色的房屋和树林，产生一种压迫感，使这匹马加快了逃离的速度。画面的黑白布局简洁、明快，由小砖块组成的灰色道路，给黑白两极色块，搭建了色调过渡。

《自由泳》是9岁儿童的创作。泳池的赛道上，有三名选手正在进行自由泳比赛，然而，其中有位选手却用仰泳参赛，增加了画面的趣味性。三个人物动态都画得十分生动自然，同时还表现了人体在水中游动的美感。作者利用生宣纸的特性，在勾画的形象外略加渲染，使画面产生了丰富的层次。

自由泳　蒋菁菁　9岁

奶奶的磨坊　黄少华　11岁

《奶奶的磨坊》是11岁儿童的木版画。表现丰收时节，老俩口赶着家畜推磨的情形。画面构图以多种视角表现，体现了原生态艺术特有的形式美感。画面上方安排的窗洞，里面放着蜡烛，加上倒贴的“福”字，象征了磨坊的墙壁，旋转的刀痕，增加了牲口推磨时转动的感觉。画面纯朴、稚拙，充满了生活情趣。

摇啊摇　张夏琪　11岁

《摇啊摇》是11岁儿童的版画创作。场院的地上铺着席子，有两个孩子坐在上面玩游戏，他们前仰后合地摇啊摇，口里还唱着儿歌，充分展现了农村儿童的快乐生活。就连院子里四处啄粮食的鸡，也被这融洽的歌声、笑声所吸引，过来凑热闹。画面构图形式活泼生动，主体突出，人物、动物造型稚拙朴素。

真正的冠军　12岁

《真正的冠军》是澳大利亚12岁儿童的创作。画面表现了两名不同国籍的游泳运动员，他们不计较比赛的胜败得失，在泳池中勾肩搭背互相示好，结下了兄弟般的情谊，巧妙地赞颂了友谊第一、比赛第二的精神。画面构图的形式感明显，两个人物形成一条直线，斜放在画面对角线处，沿边框排列的文字，使画面重心更稳定。画面构思巧妙，情节单纯，主题一目了然。

欣赏儿童原创艺术是一种乐趣，也是享受。它能使人回到童年，体味人生中那种朴素、天真的纯净心态，感受儿童世界里的美好。做儿童艺术的辅导老师不比专业教师容易。因为，儿童艺术教师不仅需要自身具备良好的专业技术能力，还要有高水平的艺术修养，了解儿童的生理和心理状态。只有这样，才能应对不同儿童迸发的奇思妙想，做到因材施教，帮助他们健康成长。

后 记

本书能够完稿并顺利出版，首先要感谢湖北美术出版社少年美术编辑室主任曾琪琳女士，是她的诚恳鼓励和帮助催生了这套书。也要感谢全国儿童原创艺术研究会的老师们，他们用无私的奉献精神参与和支持了我，这是我们共同的研究成果。本丛书将分为三册出版:《儿童原创艺术研究》《儿童原创艺术引导》《青少年艺术转型教育》，以加强丛书的实用价值。同时，我还衷心感谢中国少儿造型艺术培训中心的全体老师和家长，他们多年来配合我的科研工作所做的努力和支持，书中大部分的图画作品都选自该中心儿童的艺术活动成果。限于本人的学识和能力，错误难免，恭请读者指正。

图书在版编目（CIP）数据

儿童原创艺术研究 / 杨景芝著.
-- 武汉 : 湖北美术出版社, 2016.8(2021.3)重印
（中国儿童原创艺术研究系列丛书）
ISBN 978-7-5394-8654-3
Ⅰ. ①儿…
Ⅱ. ①杨…
Ⅲ. ①儿童教育—艺术教育
Ⅳ. ①J-4
中国版本图书馆CIP数据核字(2016)第172343号

版式设计: 石　赛　何丽璇
　　　　　王　琛　乔晓晓
技术编辑: 李国新

出版发行: 长江出版传媒　湖北美术出版社
地　　址: 武汉市雄楚大街268号
　　　　　湖北出版文化城B座
电　　话: （027）87679521 87679525
邮政编码: 430070
印　　刷: 深圳华新彩印制版有限公司
开　　本: 720mm×1025mm　1/16
印　　张: 14.5
版　　次: 2016年8月第1版　2021年3月第4次印刷
定　　价: 108.00元